Inhalt

Melden Sie sich für meinen Newsletter an 2

Inhalt 3

Prolog 5

Kapitel 1: Warum sind Sie
ein Unternehmer? 11

Kapitel 2: Kreieren Sie einen Lebensstil,
mit Selbstdisziplin als Zentrum 32

Kapitel 3: Wie man im Gleichgewicht
und geistig gesund bleibt 61

Kapitel 4: Vier Toolsets zur Entwicklung
Ihrer Selbstdisziplin als Unternehmer 83

Kapitel 5: Die häufigsten
Herausforderungen für Menschen,
die ein Unternehmen gründen möchten 112

Kapitel 6: Häufige Herausforderungen der
Selbstdisziplin für erfahrene Unternehmer 137

Kapitel 7: Häufig gestellte Fragen
bezüglich Selbstdisziplin 162

Epilog 199

Melden Sie sich für meinen Newsletter an...... 202

Können Sie mir helfen?.................................... 203

Über Martin Meadows 204

Selbstdisziplin für Unternehmer

Wie man als Unternehmer Selbstdisziplin entwickelt und aufrechterhält

Von

Martin Meadows

Melden Sie sich für meinen Newsletter an

Ich würde gerne mit Ihnen in Verbindung bleiben. Melden Sie sich für meinen Newsletter an und Sie werden immer über meine neuen Veröffentlichungen informiert, erhalten kostenlose Artikel, können sich für Werbegeschenke anmelden und erhalten andere wertvolle E-Mails von mir.

Hier ist der Link zur Anmeldung: http://www.profoundselfimprovement.com/denews

Prolog

Als jemand, der schon sein ganzes Leben lang beruflich selbstständig ist, weiß ich, wie herausfordernd Unternehmertum sein kann.

Die Schwierigkeiten, die Menschen normalerweise mit selbstständiger Arbeit in Verbindung bringen - wie etwa eine Geschäftsidee zu finden, Kapital zu beschaffen, ein Produkt zu entwickeln, Kunden zu finden und Mitarbeiter einzustellen - sind nur der Anfang.

Unternehmertum stellt auch Ihre Selbstdisziplin vor Herausforderungen. Menschen, die nie für sich selbst gearbeitet haben, sind sich der Achterbahn nicht bewusst auf welcher sich beruflich selbstständige befinden.

Selbstdisziplin war schon immer meine Stärke, seit ich ein kleines Kind war. Ich erinnere mich noch heute daran, wie ich als Kind mein Geld immer gespart habe, anstatt es wie andere Kinder auszugeben, wie ich lieber an meinen langfristigen Zielen gearbeitet habe, als wie andere Teenager Party zu machen und wie ich jahrelang mit jeder Aktivität die mir gefiel weitergemacht habe, anstatt wegen der ersten Hindernisse aufzugeben.

Ich habe zwei Bestseller-Bücher über Selbstdisziplin geschrieben – *Wie man Selbstdisziplin aufbaut: Versuchungen widerstehen und langfristige Ziele erreichen* und *Tägliche Selbstdisziplin: Tägliche Gewohnheiten und Übungen um Selbstdisziplin aufzubauen und um Ihre Ziele zu erreichen.*

Ich bin außerdem der Autor eines Buches über Selbstdisziplin für Menschen die eine Diät machen wollen – *Selbstdisziplinierter Diäter: Wie man trotz Heißhunger und schwacher Willenskraft Gewicht verliert und gesünder lebt,* und ein Buch über Selbstdisziplin für Leute, die mehr trainieren wollen – *Wie man Selbstdisziplin aufbaut um Sport zu treiben: Praktische Techniken und Strategien zur Entwicklung lebenslanger Trainingsgewohnheiten.*

Man kann also beruhigt sagen, dass ich mich recht gut mit Selbstdisziplin auskenne. Als lebenslanger Unternehmer habe ich erkannt, dass ich anderen Unternehmern helfen kann, indem ich ein Buch schreibe, das den einzigartigen

Herausforderungen gewidmet ist, denen man täglich gegenübersteht.

Meine Geschäftserfahrung dreht sich um verschiedene Online-Geschäfte. Für einige Jahre war ich freiberuflich tätig, hauptsächlich im Bereich der Suchmaschinenoptimierung (SEO). Ich habe zahlreiche kleine Nischenseiten betrieben und sie mit Werbenetzwerken und Partnerprogrammen zu Geld gemacht. Ich hatte drei E-Commerce-Unternehmen, die physische und digitale Produkte verkauften. Ich hatte ein Software als Dienstleistung (Software-as-a-Service - SaaS) Geschäft. Ich habe eine Online-Eigenverlagsfirma, von der dieses Buch die jüngste Frucht ist.

Auf den folgenden Seiten erfahren Sie, wie Sie Selbstdisziplin in Ihre unternehmerische Lebensstruktur integrieren können, damit Sie geschäftlich erfolgreich sind. Ausgehend von meiner eigenen Erfahrung mit erfolgreichem Unternehmertum und wissenschaftlicher Forschung, werde ich die Herausforderungen sowohl von beginnenden als auch erfahrenen Unternehmern behandeln. Wir werden nicht nur darüber reden, wie man Selbstdisziplin entwickelt, sondern auch, wie man diese aufrechterhält. Sie werden lernen, wie Sie die üblichen Versuchungen von Unternehmern überwinden können und wie Sie mit einigen der häufigsten Herausforderungen fertig werden.

Das Hauptziel des Buches ist es, Ihnen zu helfen, Selbstdisziplin und Durchhaltevermögen als Kleinunternehmer zu entwickeln. Ich bin nicht hier, um Ihnen zu sagen, wie man in fünf einfachen Schritten eine Million Dollar verdient oder mit einem narrensicheren Plan eine Firma aufbaut, die Gewinne im siebenstelligen Bereich abwirft. Ich bin kein Business-Guru. Um ehrlich zu sein, würde ich mich nicht einmal in deren Nähe aufhalten wollen. Mein Ziel ist es, Ihnen dabei zu helfen, ein selbstdisziplinierterer Unternehmer zu werden und nicht Ihnen zu sagen, wie Sie Ihr Geschäft führen sollen.

Da dieses Buch allen Arten von beruflich selbständigen Menschen helfen kann, werde ich Wörter wie "Unternehmer", "Selbständiger" und

"Geschäftsmann" synonym verwenden, ohne zwischen diesen Begriffen zu unterscheiden.

Am Ende jedes Kapitels fasse ich die drei wichtigsten umsetzbaren Implikationen zusammen. Das mache ich nicht nur zum Spaß. Lesen Sie diese nicht nur – handeln Sie dementsprechend. Nur so wird dieses Buch hilfreich für Sie sein.

Ich schließe jedes Kapitel mit einer kurzen Zusammenfassung ab, um Ihnen bei der Verarbeitung der wichtigsten Informationen zu helfen. Eine Wiederholung hilft Informationen zu überdenken und zu behalten.

Zu guter Letzt, ein Wort der Vorsicht: Der Rat, den Sie in diesem Buch erhalten werden, ist nicht in Stein gemeißelt. Ich glaube nicht an Absolutes und ich behaupte nicht, alle Antworten zu haben. Betrachten Sie die Tipps in diesem Buch als Ideen, die Sie in Ihrem eigenen Leben testen sollten, aber haben Sie keine Angst davor, einen anderen Ansatz zu wählen. Weder Unternehmertum noch Selbstdisziplin ist eine exakte Wissenschaft.

Verschiedene Dinge können für verschiedene Menschen funktionieren.

Lassen Sie uns nun über den ersten, wichtigsten Bestandteil bezüglich des Aufbaus von Selbstdisziplin als Unternehmer sprechen (oder für jeden anderen Lebensbereich).

Kapitel 1: Warum sind Sie ein Unternehmer?

Wenn Sie Ihre Selbstdisziplin als Unternehmer aufbauen wollen, müssen Sie eine starke Motivation haben, ein Unternehmer zu *werden* und einer zu *bleiben*. Unternehmertum ist kein einfacher Weg. Wenn es keinen starken Motivator gibt, dabeizubleiben, wenn alles schwierig wird, werden Sie immer kämpfen müssen.

In diesem Kapitel werden wir uns mit drei Arten von Motivation beschäftigen - extrinsische, intrinsische und prosoziale - und wie diese Ihnen helfen können, Selbstdisziplin zu bewahren, indem Sie diese miteinander verbinden, um einen kraftvollen Treibstoff für Ihre unternehmerischen Bemühungen zu kreieren.

Bitte betrachten Sie Ihre Motivation nicht als magische Pille. Sie ist die Grundlage von allem, aber sie ist nicht alles. Ein Hausbau beginnt mit einem Fundament, aber er endet dort nicht. Mit dieser Aussage im Hinterkopf, lassen Sie uns den drei Arten der Motivation zuwenden und wie diese Ihnen dabei helfen können, als Unternehmer diszipliniert zu bleiben.

Extrinsische Motivation

Vielleicht haben Sie angefangen, von Unternehmertum zu träumen, als Sie ein exotisches Auto auf der Straße, das Video einer luxuriösen Villa oder Bilder von fernen tropischen Paradiesen gesehen haben.

Vielleicht möchten Sie Unternehmer werden, aufgrund des Status der mit der Geschäftsführerposition innerhalb eines Unternehmens, mit der Existenzgründung, oder auch damit verbunden ist sich in den engsten Kreisen der Mächtigen und Reichen aufzuhalten.

Oder vielleicht betreiben Sie ein Geschäft, weil Sie gerne große Zahlen auf Ihrem Bankkonto sehen oder das Gefühl eines Stapels von Bargeld in Ihrem Geldbeutel genießen.

All diese Dinge sind eine Manifestation der *extrinsischen* Motivation, die durch eine Belohnung motiviert wird, normalerweise in einem materiellen Sinne.

Die Psychologen Richard M. Ryan und Edward L. Deci definieren extrinsische Motivation als "ein Konstrukt, betreffend einer Aktivität die ausgeführt wird, um ein separates Ergebnis zu erzielen."[1]

Laienhaft ausgedrückt, geht es bei extrinsischer Motivation um Praktikabilität und das Endergebnis selbst. Wenn Sie eine Belohnung erhalten wollen, sind Sie extrinsisch motiviert. Sie sind auch extrinsisch motiviert, wenn das gewünschte Ergebnis darin besteht, eine Form der Bestrafung zu vermeiden. Noten in der Schule sind eine Form extrinsischer Motivation, die sowohl als mögliche Belohnung, sowie als Strafe dienen können.

Während extrinsische Motivation die häufigste Art der Motivation ist, ist sie auch die schwächste. Sie wird nicht ausreichen, um Ihnen zu helfen, Selbstdisziplin auf lange Sicht aufrechtzuerhalten. Sie ist schwächer als die Motivation, die von innen kommt (welche wir später besprechen werden), weil sie nicht an das Selbst gebunden ist, sondern an externe Belohnungen. Wenn die Belohnung verschwunden ist oder die Gefahr der Bestrafung verschwindet, verschwindet auch die Motivation.

Für einen neuen Unternehmer kann extrinsische Motivation sein, der Unbehaglichkeit einen Tagesjob zu haben zu entkommen. Diese Art von Motivation ist oft stärker als eine positive Motivation wie der Wunsch, ein teures Auto zu besitzen oder in einem großen Haus zu leben, weil das Bedürfnis, dem Schmerz zu entkommen, stärker sein kann als das Bedürfnis, etwas zu besitzen.

Extrinsische Ziele, bei denen es darum geht, eine Belohnung zu erhalten - ein neues luxuriöses Auto, eine Villa, Urlaub, sozialer Status - werden Sie motivieren, aber sobald Sie diese Dinge erreicht haben (oder sie nicht mehr wollen, bevor Sie diese erreichen), brauchen Sie etwas anderes, dass Sie motiviert. Kein guter Motivator, wenn er so vergänglich ist, oder?

Für eine gewisse Zeit wollte ich ein bestimmtes Auto kaufen. Aber als ich es zur Probe fuhr, gefiel es mir nicht mehr. So toll es auch aussah, es interessierte mich plötzlich nicht mehr. Wenn das meine primäre Motivation gewesen wäre, an meinem Geschäft zu arbeiten, würde ich jetzt ohne einen guten Grund dastehen diese weiterzuführen.

Und selbst wenn es mir gefallen hätte und ich es gekauft hätte, wäre ich ein paar Monate später nicht mehr motiviert gewesen, da materielle Dinge dazu neigen, schnell ihren Reiz zu verlieren. Wenn wir uns zulegen was wir wollen, werden wir gesättigt. Nachdem ich das Auto gekauft hätte, hätte ich mir ein neues Spielzeug ausdenken müssen nach dem mir verlangt, um so auf dem Hamsterrad zu bleiben neue Dinge für das temporäre Hochgefühl zu kaufen.

Aus diesem Grund empfehle ich Ihnen nicht, extrinsische Motivatoren als Hauptgründe für den Start oder das Wachstum Ihres Unternehmens zu wählen. Machen Sie auf jeden Fall eine Liste aller schönen Dinge, die Sie haben möchten, aber seien Sie sich bewusst, dass es nicht die stärksten Motivatoren sind, die Sie haben können.

Ich verwende gerne extrinsische Motivation in Form von Bestrafung, auch *Push Motivation* genannt.

Ich kenne einen Unternehmer, der seinen Freunden Schecks über 100 Dollar schreibt und ihnen sagt, sie sollten diese einlösen, wenn er eine bestimmte Geschäftsaufgabe, die er schon eine Weile vor sich herschiebt, nicht erledigt.

So gerne Sie auch alle geschäftlichen Aufgaben lieben würden, wird es doch immer unangenehme Dinge geben, die Sie erledigen müssen. Sich bezüglich ihrer Durchführung mit Strafe zu motivieren, kann gut funktionieren, solange die Strafe schlimmer ist als die Erfüllung der Aufgabe, die Sie erledigen müssen.

Eine Liste von allen Dinge zu haben, die Sie kaufen möchten, von Orte, die Sie besuchen möchten, oder von dem Status, den Sie genießen werden, kann hilfreich sein, aber es wird nie so stark sein wie die...

Intrinsische Motivation

Vielleicht haben Sie ein Geschäft gegründet, weil ein Angestelltenverhältnis mit Ihrem Sinn für Unabhängigkeit kollidierte oder Sie innerlich abtötete.

Vielleicht sind Sie ein Unternehmer oder wollen einer werden, weil Sie sich nach Herausforderungen und persönlichem Wachstum sehnen und die volle Kontrolle über Ihr Leben haben wollen.

Vielleicht haben Sie ein Geschäft, weil Sie Ihr volles Potenzial realisieren wollen und Sie wissen, dass dies unmöglich ist, wenn Sie für jemand anderen arbeiten.

Oder Sie lieben es einfach, ein Unternehmer zu sein und es ist eine lebenslange Sucht für Sie.

Das ist die *intrinsische Motivation*. Sie ist stärker als extrinsische Motivation, weil sie aus Ihrem Inneren kommt und nicht auf eine externe Belohnung oder Bestrafung angewiesen ist.

Die Psychologen Richard M. Ryan und Edward L. Deci definieren intrinsische Motivation als "die Durchführung einer Aktivität aufgrund der ihr innewohnenden Befriedigung und nicht aufgrund von separaten Konsequenzen. Wenn eine Person intrinsisch motiviert ist, wird sie handeln, weil sie Spaß daran hat oder die Herausforderung mag, die damit verbunden ist und nicht aufgrund von äußeren Anstößen, Druck oder Belohnungen."[2]

Intrinsische Motivation beschäftigt sich mit dem, was Sie innerlich fühlen. Es kann ein Gefühl von Spaß, eine Herausforderung oder das Streben nach Unabhängigkeit und Kontrolle sein. Wenn Sie ein selbstdisziplinierter Unternehmer werden wollen, ist der stärkste intrinsische Motivator, den Sie jemals finden werden, Unabhängigkeit.

Nichts fühlt sich besser an, als die Fähigkeit zu tun, was Sie wollen, wann Sie wollen, wo Sie wollen und mit wem Sie es wollen. Kein Auto, keine Villa, keine Designerklamotten oder Schmuckstücke werden Ihre Selbstdisziplin mehr unterstützen, als das süchtig machende Gefühl, Herr über Ihr eigenes Leben zu sein.

Nun, wohlgemerkt, das ist natürlich keine Schlussfolgerung aus einer wissenschaftlichen Studie. Wenn Sie jedoch erfolgreiche Unternehmer betrachten, werden Sie eine gemeinsame Verbindung zwischen praktisch allen finden. Sie werden alle von dem Wunsch angetrieben, die Freiheit zu haben, zu tun, was sie wollen, nicht von dem Verlangen, mit einem neuen teuren Auto oder einer auffälligen Villa anzugeben.

Ein gutes Beispiel ist der britische Milliardär Richard Branson, der sagte: "Meine goldene Regel für Wirtschaft und Leben lautet: Wir sollten alle genießen, was wir tun und tun, was wir genießen."[3]

Auch der kanadisch-amerikanische Milliardär Elon Musk bezieht sich oft auf seine intrinsische Motivation. Er wird von Herausforderungen motiviert. In seinen Worten: "Ich denke, das Leben auf der Erde muss mehr sein als nur das Lösen von Problemen... Es muss etwas inspirierendes sein, selbst wenn es stellvertretend ist."

Er glaubt auch an Genuss: "Menschen arbeiten besser, wenn sie wissen, was das Ziel ist und warum. Es ist wichtig, dass die Menschen sich darauf freuen, morgens zur Arbeit zu kommen und Spaß am Arbeiten haben."[4]

Ständige Verbesserung ist eine weitere Art von intrinsischer Motivation, die Sie ein Leben lang motivieren kann. Wie Sergey Brin, Mitbegründer von

Google, sagt, sind Verbesserungen keine Grenzen gesetzt: "Es ist klar, dass es viel Raum für Verbesserungen gibt, es gibt keine inhärente Decke, auf die wir treffen."[5]

Ein Wort der Vorsicht in Bezug auf extrinsische und intrinsische Motivation:

Aufgrund des Effekts übertriebener Rechtfertigung können extrinsische Motivatoren wie Geld oder Preise die intrinsische Motivation einer Person zur Ausführung einer Aufgabe *verringern*.[6] Die Aktivität hört auf, Vergnügen, persönliche Herausforderung oder Selbstwachstum zu sein und bezieht sich nur noch darauf, welche greifbaren Dinge Sie durch diese erhalten können.

Im Sport zum Beispiel sinkt die Leistung vieler Profisportler nach der Unterzeichnung eines Multimillionen-Dollar-Vertrages. Ihr "Hunger" verschwindet über Nacht. Aus diesem Grund ist es von entscheidender Bedeutung, intrinsische Motivation gegenüber extrinsischer Motivation zu priorisieren und darauf zu achten, externen Belohnungen nicht zu viel Gewicht beizumessen.

Wenn man intrinsische Motivation, die eine endlose Quelle der Inspiration ist, mit extrinsischer Motivation vergleicht, die flüchtig ist, ist es klar, dass intrinsische Motivation Ihnen länger und besser dient.

Aber es gibt noch einen anderen Weg, um sicherzustellen, dass Sie trotz Rückschlägen weitermachen und trotz der Hindernisse hartnäckig bleiben. Es ist die...

Prosoziale Motivation

Psychologen könnten argumentieren, dass die zwei einzigen "legitimen" Motivationsarten extrinsische und intrinsische Motivation sind. Es gibt jedoch eine dritte Art der Motivation, die weder extrinsisch noch intrinsisch ist.

Wenn Sie Ihr Unternehmen erweitern möchten, weil Sie Ihre Familie unterstützen möchten, sind Sie sozial motiviert, zum Wohle Ihrer Lieben.

Wenn Sie ein Unternehmer leiten, das Yanik Silver als ein "weiterentwickeltes Unternehmen" bezeichnet (ein Unternehmen, das seine Existenz an die Unterstützung eines bestimmten gemeinnützigen Ziels knüpft),[7] könnten Sie motiviert sein, den

Bedürftigen oder der Umwelt zu helfen oder die Welt auf eine andere Weise zu verbessern.

Adam Grant, Professor und Bestseller-Autor von Geben und Nehmen: *Ein revolutionärer Ansatz für den Erfolg*, behauptet in einem Artikel über intrinsische Motivation und prosoziales Verhalten, dass der Wunsch, anderen zu helfen, uns dazu bringt, über uns selbst hinauszuwachsen.[8]

Es ist ein effektiverer Motivator als intrinsische Motivation alleine, aber für die besten Resultate sollten Sie beide kombinieren. In den Worten des Autors, "Angestellte zeigen höhere Ebenen der Ausdauer, Leistung und Produktivität, wenn sie prosoziale und intrinsische Motivationen im Tandem erleben."

Wenn Sie ein Unternehmen gründen oder vergrößern, finden Sie einen prosozialen Grund dafür. Es könnte für eine bestimmte Sache oder für eine Gruppe von Menschen sein.

Denken Sie daran, die Leistung Ihres Unternehmens mit Dingen zu verknüpfen, die Sie unterstützen möchten. Der kalifornische Online-

Marktplatz Sevenly spendet beispielsweise 7% seines Umsatzes für wohltätige Zwecke. Innerhalb von fünf Jahren hat die Firma über 4 Millionen Dollar zur Verfügung gestellt um Aufmerksamkeit für die Dinge zu erregen, die sie unterstützen.[9]

An einem gewissen Punkt wird das Hinzufügen von mehr Zahlen auf Ihrem Bankkonto Ihre Freude nicht mehr steigern. Folglich wird es nicht mehr so motivierend sein, wie zuvor sein. Eine Person, deren Gehalt von $20.000 pro Jahr auf $60.000 steigt, wird wahrscheinlich merklich glücklicher werden. Eine Person, die $5 Millionen pro Jahr verdient, wird sich nicht anders fühlen, wenn sie sechs, sieben oder acht Millionen verdient.

Den Princeton-Forschern Angus Deaton und Daniel Kahneman zufolge liegt die Schwelle bei einem Jahreseinkommen von etwa 75.000 US-Dollar. Nachdem Sie diese Zahl überschritten haben, können Sie mit mehr Geld die Wahrnehmung Ihres Lebens verbessern, aber es wird nicht viel zur Verbesserung Ihres emotionalen Wohlbefindens beitragen.[10] Offensichtlich ist diese Zahl für die Vereinigten

Staaten und kann niedriger oder höher sein, abhängig davon, wo Sie leben; es ist ungefähr 150% des nationalen Durchschnittsgehalts.

Nachdem Sie $75.000 pro Jahr überschritten haben, ist Geld kein starker Motivator mehr. Das gilt jedoch nicht für prosoziale Motivation. Sie können der Unterstützung Ihrer liebsten woltätigen Zwecke immer noch mehr Ressourcen widmen. Das hat immer einen unmittelbaren Einfluss und es wird nie alt und sinnlos, wie das pure Ausgeben von mehr Geld für neue Dinge.

Wenn Sie nicht an Wohltätigkeit glauben, müssen Sie keine Organisationen unterstützen. Es muss nicht um Geld gehen. Ihre prosoziale Motivation könnte sich ausschließlich auf eine Person beziehen, die Ihr "Wer" anstatt Ihr "Warum" wird - die Person, die von Ihrem Erfolg profitieren wird. In den meisten Fällen werden es Ihre Lieben sein: Ihre Kinder, Ehepartner, Geschwister oder Eltern.

Zum Beispiel war meine stärkste prosoziale Motivation, geschäftlich erfolgreich zu sein genug Geld zu verdienen, um meinen Eltern dabei zu helfen, ihren Lebenstraum, aufs Land zu ziehen, zu verwirklichen.

Meine extrinsischen Motivatoren waren nicht einmal 10% so motivierend wie dieses Ziel. Selbst meine kraftvollen intrinsischen Motivatoren waren nie so wichtig, wie meinen Eltern zu helfen, die so viele Jahre damit verbracht haben, mich zu versorgen, um sicherzustellen, dass ich alles bekam, was ich brauchte, um im Leben erfolgreich zu sein.

Für einen Elternteil kann ein primärer prosozialer Motivator die Notwendigkeit sein, so viel Zeit wie möglich mit seinem Kind zu verbringen. Ein erfolgreiches Unternehmen kann Einkommen bringen, aber es kann auch etwas Wertvolleres bieten - reichlich Freizeit.

Was oder wen auch immer Sie unterstützen möchten, ich kann die Macht der prosozialen Motivation nicht genug betonen. Denken Sie über sich selbst hinaus.

Drei wichtige umsetzbare Implikationen

Jetzt wo Sie drei Arten der Motivation kennengelernt haben, fragen Sie sich vielleicht, wie

Sie diese in Ihrem Leben anwenden können. Die drei wichtigsten umsetzbaren Implikationen sind:

1. Tauschen Sie "Ferrari" gegen "Freiheit"

Viele Selbsthilfegurus behaupten, dass der stärkste Motivator, den Sie haben können, darin besteht, eine Tafel mit Ihren Visionen zu erstellen und sie jeden Tag zu betrachten, um sich daran zu erinnern, warum Sie Ihre Ziele verfolgen. Ich sage nicht, dass diese Strategie nicht funktioniert. Sie funktioniere, aber sie ist nicht halb so erfolgreich wie die weniger greifbaren Gründe für unternehmerischen Erfolg, wie Freiheit und Unabhängigkeit.

Ein Auto kann nur flüchtiges Glück bereiten. Freiheit - einmal erreicht - wird dauerhaften Genuss und Inspiration liefern. Anders als ein neues Auto wird sie nie langweilig, sondern wird mit der Zeit sogar besser.

Wenn Sie wollen, sollten Sie sich aber auf jeden Fall mit Belohnungen motivieren, aber verwenden Sie Belohnungen nur als Ergänzungen zu Ihren primären intrinsischen und prosozialen Motivatoren. Finden Sie jetzt diese Motivatoren.

2. Verwenden Sie Push-Motivation, um Verzögerungen zu beseitigen

Push-Motivation beruht auf externen Faktoren, welche Sie dazu zwingen, eine bestimmte Aufgabe zu erfüllen, um eine bestimmte Konsequenz zu vermeiden. Sie funktioniert nicht gut, um langfristig motiviert zu bleiben (fragen Sie einfach irgendeinen Studenten irgendwo auf der Welt), aber sie kann nützlich sein, um die notwendige Motivation zu erzeugen, um den Widerwillen zu überwinden, mit der Arbeit an einer Aufgabe zu beginnen, die Sie schon seit längerem vor sich her schieben.

Das Festlegen von finanziellen Einsätzen funktioniert besonders gut, da diese leicht einzurichten und schmerzhaft sind, wenn Sie es versäumen sich dem Einsatz entsprechend zu verhalten. Eine andere Art von Push-Motivation kann eine Gruppe sein, welche Sie zur Verantwortung zieht oder ein Coach, der wöchentliche Berichte von Ihnen fordert und Ihnen das Leben schwer macht, wenn Sie nicht das leisten, was Sie versprochen haben.

Finden Sie einen Weg, um sich selbst zur Rechenschaft zu ziehen oder legen Sie Einsätze fest um sich dazu zu bringen, schwierige Aufgaben zu erledigen, die Sie normalerweise immer wieder aufschieben.

3. Wachsen Sie über sich selbst hinaus

Machen Sie Ihre Ziele nicht nur über sich selbst. Schließen Sie andere ein, seien es Ihre Lieben, Fremde in Not, Tiere, Umwelt, Wissenschaft oder Kunst. An was auch immer Sie glauben, eine prosoziale Motivation wird Ihre Entschlossenheit stärken.

Stellen Sie sich das so vor: Jeder würde in einen gefährlichen Fluss springen, um das eigene Kind vor dem Ertrinken zu retten, während nur wenige Menschen in den gleichen tosenden Fluss springen würden, um einen verlorenen $100-Dollar-Schein herauszufischen.

Es gibt keinen und wird niemals einen stärkeren Motivator geben, als Ihr Ziel über sich selbst hinaus zu erweitern. Wenn Sie dies mit einer starken Gruppe intrinsischer Motivatoren kombinieren und es ab und zu mit extrinsischen Strafen unterstützen, haben Sie eine solide Grundlage, auf der Sie langfristige Selbstdisziplin aufbauen können.

Wenn Sie bereits eine Liste von Motivatoren haben, fragen Sie sich, wie Sie andere in diese einbeziehen können. Denken Sie an Ihre Liste, wann immer Sie sich entmutigt fühlen oder aufgeben wollen.

WARUM SIND SIE EIN UNTERNEHMER?: KURZE WIEDERHOLUNG

1. Der erste Schritt, um Ihre Entschlossenheit zum Erfolg zu stärken, ist es, Ihre Motivationen zu bestimmen. Wenn Ihnen einer oder mehrere wichtige Gründe bewusst sind, warum Sie Ihr Geschäft erfolgreich machen wollen, werden Sie weniger wahrscheinlich aufgeben oder ins Stocken geraten, wenn Sie Hindernissen gegenüberstehen.

2. Extrinsische Motivation beschäftigt sich mit Dingen in der äußeren Welt - Autos, Häuser, die Größe Ihres Bankkontos, Status, Neid und andere ähnliche Arten der Belohnung. Es geht auch darum, einer Bestrafung zu entkommen. Diese Art der Motivation ist hilfreich, aber nicht halb so stark wie intrinsische und prosoziale Motivation.

3. Intrinsische Motivation kommt von innen. Es geht um den Spaß, etwas zu tun, z.B. Herausforderung, Wachstum, Unabhängigkeit, Freiheit oder die Kontrolle über Ihr eigenes Leben.

Wenn Sie Unabhängigkeit als Ihre Richtlinie nutzen - im Gegensatz zu einem teuren Auto, das einige Monate nach dem Kauf langweilig wird - werden Sie eine dauerhafte und erneuerbare Quelle der Inspiration haben, damit Sie als Unternehmer arbeiten und wachsen können.

4. Prosoziale Motivation ist der stärkste Motivator. Wenn Sie ein Unternehmen aufbauen, das nicht nur Ihnen, sondern auch anderen zugute kommt, sind Sie nachhaltiger, produktiver und effektiver. Die Kombination einer sozial motivierten Motivation und einer intrinsischen Motivation, führt zu einer starken Grundlage für Selbstdisziplin.

Kapitel 2: Kreieren Sie einen Lebensstil, mit Selbstdisziplin als Zentrum

Es kann leichter sein, Selbstdisziplin als Unternehmer aufrecht zu erhalten, wenn man sein Leben so gestaltet, dass es Selbstdisziplin fördert. In diesem Kapitel werden wir über verschiedene Möglichkeiten sprechen, wie Sie Ihre Denkweise und Ihr Standardverhalten verändern können, um als Unternehmer erfolgreich zu sein, auch wenn Sie sich in weniger idealen Umständen befinden.

Viele dieser Veränderungen sind einfach, aber nicht unbedingt immer leicht umzusetzen. Diese Anstrengungen vorzunehmen, wird sich jedoch lohnen: Sie werden mehr Selbstdisziplin erlangen, hartnäckiger werden und ein glücklicheres Leben führen.

Besorgen Sie sich unterstützenden Einfluss

Wenn Sie nicht viele Freunde haben, die Unternehmer sind, fühlen Sie sich vielleicht einsam oder missverstanden. Ein Mangel an oder auch unzureichende Unterstützung macht es schwieriger, Selbstdisziplin aufrecht zu erhalten und hartnäckig zu bleiben. Aus diesem Grund ist es wichtig, auf Ihr soziales Umfeld zu achten.

Leute, die Ihnen am nächsten sind, wie Ihre Freunde und Ihre Familie, haben den größten Einfluss auf Sie. Der Unternehmer und Motivationstrainer Jim Rohn sagte einmal: "Sie sind der Durchschnitt der fünf Leute, mit denen Sie die meiste Zeit verbringen."

Es gibt keine wissenschaftliche Forschung, die beweist, dass es genau fünf Leute sind, aber es gibt Forschungsergebnisse, die nahelegen, dass wir tatsächlich neue Verhaltensweisen rein durch Beobachtung anpassen können. Das nennt sich *soziale Lerntheorie* und postuliert, dass wir von unserer unmittelbaren Umgebung lernen.

Der Autor der Theorie, Albert Bandura, behauptet, dass Menschen lernen können, indem sie das Verhalten einer anderen Person auf drei Arten beobachten:[11]

- Live-Modell - indem wir eine andere Person, welche ein bestimmtes Verhalten demonstriert, unmittelbar beobachten,

- Mündliche Anweisung - In der wir von einer anderen Person angewiesen werden, wie wir uns in einer bestimmten Situation zu verhalten haben,

- Symbolisch - Hier imitieren wir das Verhalten von realen oder fiktiven Charakteren aus Filmen, Fernsehen, Internet, Literatur und Radio.

Was insbesondere zu beachten ist, ist, dass wir unerwünschte Verhaltensweisen unbewusst entwickeln können. Zum Beispiel zeigen Untersuchungen, dass Kinder und junge Erwachsene, die gewalttätige Videospiele spielen, ein aggressiveres Verhalten aufweisen.[12] Das Anschauen von gewalttätigen Fernsehshows korreliert auch mit aggressivem Verhalten.[13] Wenn Sie die betroffenen Menschen jedoch hiermit konfrontieren, würden nur wenige (wenn überhaupt welche) zustimmen, dass sie unbewusst gelernt haben, aggressiver zu sein.

Was hat das alles mit Ihnen zu tun, einem Unternehmer, der selbstdiszilinierter werden möchte?

Es zeigt, dass Ihre unmittelbare Umgebung - einschließlich Ihrer Freunde, Ihrer Familie und der Medieninhalte, die Sie täglich konsumieren - beeinflussen kann, wie diszipliniert Sie sind und das dies ohne Ihre bewusste Teilnahme passieren kann.

Stellen Sie daher sicher, dass Sie sich Einflüssen aussetzen, die erfolgreiche Verhaltensweisen und Gewohnheiten fördern, nicht destruktive. Wenn Sie mit faulen Menschen abhängen, deren primäres Lebensziel es ist, sich an den Wochenenden zu betrinken, erwarten Sie nicht, im Geschäft viel Erfolg zu haben. Auf der anderen Seite, wenn Sie viel Zeit mit erfolgreichen Unternehmern verbringen, werden Sie wahrscheinlich bald selbst einer sein.

Sozialpsychologe Roy F. Baumeister behauptet darüber hinaus, dass positive Emotionen Willenskraft wieder auffüllen können.[14] Anspruchslose, quengelige Freunde werden wahrscheinlich nicht viele positive Emotionen in Ihnen wecken, während wachstumsorientierte Menschen dies definitiv tun. Unterm Strich gibt es viel zu gewinnen, wenn man auf seine soziale Umgebung achtet, nicht wahr?

Die drei wichtigsten Schritte, um Ihr soziales Umfeld in ein unterstützendes zu verwandeln, sind:

1. Suchen Sie sich Ihre Freunde sorgfältig aus

Teilen Sie Ihre Freunde in zwei Gruppen ein: Menschen, die Ihnen beim Wachstum helfen und Menschen, die Sie herunterziehen. Dann reduzieren oder hören Sie ganz auf, Zeit mit der zweiten Gruppe zu verbringen.

Okay, ich gebe zu, dass klingt etwas grausam, aber hören Sie sich eine kleine Geschichte an.

Ich habe einen Jugendfreund, der aus einer gebildeten Familie der Mittelklasse stammt. Er war ein nettes Kind, das sich von Problemen ferngehalten hat. Als ich für ein paar Monate in ein fremdes Land gezogen bin, haben wir den Kontakt verloren. Während dieser Zeit hat er neue Freunde gefunden - anspruchslose, faule Leute, mit denen Sie Ihr Kind nicht gerne sehen würden.

Bald fing er an zu rauchen, mehr Alkohol zu trinken als zuvor und sich anderen unverantwortlichen Verhaltensweisen zu widmen. Es fiel mir schwer, sein neues "Ich" zu akzeptieren. Ich konnte ihm nicht helfen, seine Art und Weise zu ändern, weil seine Freunde einen so enormen Einfluss auf ihn hatten.

Erst als er die Beziehungen zu diesen zerstörerischen Freunden unterbrach, hörte er auf, negativen Verhaltensweisen zu frönen. Erst dann konnten wir gewissermaßen unsere Freundschaft zu einem gewissen Grad wieder aufleben lassen und er konnte damit beginnen, sein Leben wieder neu aufzubauen. Ich bin mir sicher, dass wenn er die Entscheidung nicht getroffen hätte, den Kontakt mit diesen Menschen abzubrechen, würde er sich immernoch in der gleichen Situation befinden, auf einer Bank sitzen, illegale Substanzen rauchen und vielleicht sogar mit Drogen handeln.

Klingt es immer noch grausam, sich seine Freunde vorsichtig auszusuchen? Offensichtlich hängen die meisten von uns nicht mit Drogenhändlern oder faulen Kiffern ab. Denken Sie jedoch daran, dass alle Arten von Verhalten in unserer unmittelbaren Umgebung uns beeinflussen können. Wenn Ihre engsten Freunde nicht über die Zukunft nachdenken und immer nach sofortiger Bequemlichkeit und Sicherheit suchen und nie aktiv ihre Zielen verfolgen (wenn sie überhaupt welche haben), was werden Sie dann von diesen Freunden lernen?

Ihr sozialer Kreis muss nicht nur aus Unternehmern bestehen. Es geht weniger um Unternehmertum als vielmehr darum, mit Menschen zusammen zu sein, die Sie zur Verbesserung und persönlichem Wachstum anregen. Ich habe einen Freund, der ein Musterangestellter ist, während ich dagegen ein freiberuflicher Unternehmer bin der als Angestellter ungeeignet ist. Er möchte jedoch als Mensch wachsen und das ist etwas Positives, das Sie in Ihrem Leben haben sollten.

Stellen Sie sicher, dass Ihr sozialer Kreis zu Ihrem Wachstum beiträgt und sortieren Sie regelmäßig Freunde aus, die Ihnen nicht gut tun. Es hat keinen Sinn, Zeit mit Leuten zu verbringen, die nicht wollen, dass Sie sich verbessern und wachsen.

Bitte bedenken Sie jedoch, dass ich es nicht gutheiße, ein Schönwetterfreund zu sein oder kaltblütig zu kalkulieren, wer in Ihrem Leben sein darf. Es geht nicht darum, Freunde zu verlassen, die Probleme haben, weil diese Probleme Sie vielleicht beeinflussen könnten oder Menschen zu meiden, die weniger erfolgreich sind als Sie. Es geht darum, Leute herauszufiltern, die die Energie aus Ihnen heraussaugen, neidisch auf Ihren Erfolg sind und Ihre Bemühungen, sich selbst zu verbessern, sabotieren.

2. Vermeiden Sie Massenmedien

Um meine geistige Gesundheit und meine positive Weltanschauung zu bewahren, limitiere ich die Auswahl meiner Informationsquellen seit Jahren. Die allgemeine Prämisse ist, alle Arten unproduktiver Nachrichten zu vermeiden, insbesondere schlechte Nachrichten der Massenmedien.[15] Ich kann mich nicht erinnern, wann ich das letzte Mal auf eine Nachrichteninternetseite zugegriffen oder eine

Zeitung gekauft habe, um zu lesen, was in der Welt passiert. Und ich fühle mich diesbezüglich großartig.

Medien leben von Negativität, Angst, Gewalt und Hass. Sie glauben mir nicht? Öffnen Sie irgendeine Zeitung oder besuchen Sie eine Nachrichteninternetseite und zählen Sie positive und negative Schlagzeilen. Viel Glück bei der Suche nach mehr als einer Handvoll positiver Nachrichten in einem Meer von Terroranschlägen, Unfällen, Naturkatastrophen, politischen Fehden, Finanzkrisen und jeder anderen Art von Negativität.

Täglich schlechte Nachrichten zu konsumieren, ist nicht nur Zeitverschwendung, sondern auch eine Bedrohung für Ihr allgemeines Wohlbefinden. Die Forschung zeigt, dass das Anschauen von negativen Nachrichten nur dazu führt, dass man sich mehr Sorgen macht, was wiederum in der Verschärfung von persönlichen Sorgen und Ängsten resultiert.[16]

Wie erwarten Sie, mit solch einer negativen Einstellung hartnäckig und selbstdiszipliniert zu sein?

Darüber hinaus vergrößern Medien dramatisch die Wahrnehmung des Risikos einer durchschnittlichen Person. Wenn Sie jeden Tag über tragische Ereignisse lesen, ist es leicht, den Glauben zu entwickeln, dass die Welt ein gefährlicher Ort ist, und dies kann Sie risikoscheu machen. Da Unsicherheit und Risikobereitschaft eine Notwendigkeit für jeden Unternehmer darstellen, wirkt sich der Konsum schlechter Nachrichten direkt auf die Ergebnisse aus, die Sie als Unternehmer erhalten.

Hören Sie auf, kalorienarme Informationen zu konsumieren, halten Sie sich fern von Nachrichten, Klatsch und Panikmache. Wenn etwas Wichtiges in der Welt passiert, werden Sie es sowieso von Ihren Freunden oder Ihrer Familie erfahren. Was den Rest angeht - warum füllen Sie Ihr Leben mit so viel Negativität?

3. Füttern Sie Ihren Geist mit Positivität

Dank des Internets ist es ebenso einfach, positive wie negative Inhalte zu finden. Die meisten Leute bleiben beim Letzteren, aber jetzt wissen Sie, dass die intelligentere Wahl ist, dieses zu ignorieren und sich aufs Erstere zu konzentrieren.

Anstatt Zeit mit Nachrichten oder Klatschinternetseiten zu verbringen, finden Sie Websites, die Positivität, Glück und persönliches Wachstum fördern. Treten Sie Foren für Leute bei, die sich selbst oder ihre Geschäfte verbessern wollen. Lesen Sie Selbsthilfe-Blogs. Schauen Sie sich motivierende Videos an.

Der Sinn und Zweck ist nicht unbedingt, sich selbst hochzupumpen. Das Ziel ist es, Ihren Geist täglich mit positiven Einflüssen zu versorgen, um die Entwicklung produktiver Überzeugungen und Gewohnheiten zu fördern.

Umgeben Sie sich auch in Ihrer Offline-Welt mit Positivität. Verbringen Sie mehr Zeit mit glücklichen Menschen, die Sie zum Lächeln bringen. Besuchen Sie Orte, an denen sich positive Menschen aufhalten. Lesen Sie Bücher, die Hoffnung, Inspiration und Optimismus fördern.

Sie müssen nicht alles durch rosarote Gläser sehen oder bestreiten, dass schlimme Dinge passieren. Der Gedanke ist, sich von all den negativen

Einflüssen zu reinigen und diese durch Dinge zu ersetzen, die dem Wachstum förderlicher sind.

Je mehr positive Modelle Sie haben - Menschen, Bücher, Websites, Filme, Musik - desto positiver werden Sie. Dies wird zu mehr Beharrlichkeit, Selbstdisziplin und Willenskraft führen, unabhängig von den Umständen in Ihrem Leben.

Vermeiden Sie diese fünf negativen Verhaltensweisen um jeden Preis

Durch regelmäßig wiederholte negative Verhaltensweisen können Sie sich Gewohnheiten antrainieren die Ihrem unternehmerischem Erfolg nicht förderlich sind. Hier sind fünf destruktive Handlungen, die Sie sofort aus Ihrem Leben eliminieren sollten:

1. Sich beschweren

Klagen ist der Inbegriff von Zeitverschwendung. Anstatt an der Lösung eines Problems zu arbeiten, weisen Sie darauf hin, dass es falsch, unfair oder anderweitig schlecht für Sie ist.

Wussten Sie, dass das Beklagen Körper und Geist schädigen kann? In einem Interview mit *Stanford*

News weist der Neurowissenschaftler Robert Sapolsky darauf hin, dass das tägliche Erleben von nicht lebensbedrohlichen Stressfaktoren die unnötige Freisetzung von Adrenalin und anderen Stresshormonen auslöst, die dann im Laufe der Zeit zu vielen der häufigsten Todesursachen in der westlichen Welt beitragen.

In seinen Worten: "Wenn Sie planen, ähnlich gestresst zu werden, wie ein durchschnittliches Säugetier, sollten Sie besser die entsprechende Stressreaktion einschalten oder Sie sind tot. Aber wenn Sie chronisch, psychosozial gestresst sind, so wie ein verwestlichter Mensch, dann haben Sie ein höheres Risiko für Herzerkrankungen und einige der anderen führenden Todesursachen im westlichen Leben."[17]

Sapolskys Forschung legt nahe, dass Stresshormone zu einer Atrophie des Hippocampus führen, dem Teil des Gehirns, der hauptsächlich mit dem Langzeitgedächtnis assoziiert ist. Was sind Ihre Gefühle bezüglich des Beklagens, wenn Sie sich vorstellen, dass es buchstäblich einen Teil Ihres Gehirns schrumpfen lässt?

Motivationstrainer Les Brown hat diese Worte einmal auf seiner Facebook-Seite gepostet:

"Weigeren Sie sich, sich zu beschweren. Sich zu beschweren ist nur ein Weg, um keine Verantwortung zu übernehmen, sein eigenes Nichtstun zu rechtfertigen, und sich selbst auf Versagen zu programmieren. Sich-bellagen erschafft die Illusion, dass Sie etwas getan haben. Investieren Sie stattdessen Ihre Energie in die Verbesserung Ihrer Situation. Wenn Sie Wege finden, produktiv zu sein und Optimismus zu bewahren, zeigen Sie, dass Sie die Kontrolle über Ihr eigenes Leben haben.

"Leute die sich beklagen konzentrieren sich auf das, was passiert ist und geben auf. Gewinner konzentrieren sich darauf, Dinge zu verwirklichen und nutzen ihre Kraft, um Lösungen für Herausforderungen zu finden. Sie wurden geboren, um etwas Großartiges mit Ihrem Leben zu machen! Lösungsbasiertes Denken gibt Ihnen diese Kraft."[18]

Als Unternehmer ist es Ihre Aufgabe, Probleme zu lösen. Sich beklagen löst absolut nichts. Ersetzen Sie Negativität durch eine Liste möglicher Lösungen und handeln Sie danach. Entwickeln Sie die Angewohnheit, die Führung zu übernehmen, anstatt sich selbst als Opfer wahrzunehmen.

Apropos, die zweite negative Angewohnheit ist ...

2. Resignation

Das unternehmerische Leben ist eine ständige Achterbahnfahrt für jeden neuen Unternehmer. Es ist üblich, dass Sie sich resigniert fühlen, wenn Sie nach einer Hochfahrt auf einem langen Weg nach unten befinden.

Je länger Sie jedoch über Ihre Fehlschläge und Rückschläge nachdenken, desto tiefer begeben Sie sich in einen depressiven Geisteszustand, der dazu führen kann, dass Sie eher aufgeben, als an Ihren Zielen zu arbeiten.

Ich hatte mehr als meinen gerechten Anteil an Misserfolgen als Unternehmer. Ich war verschuldet. Meine Geschäfte sind über Nacht gescheitert. Ich habe Tausende von Dollars und unzählige Stunden in Projekte investiert, die ein totale Katastrophe waren.

Jedes Mal, wenn ich einen Rückschlag erlebte, verspürte ich Widerwillen es erneut zu versuchen. Aber indem ich mir selbst nicht erlaubte, länger als einen oder zwei Tage in dieser Benommenheit zu verbringen, gelang es mir immer weiterzumachen, aufzustehen, und es nochmal zu versuchen. Was mir ohne Ausnahme dabei geholfen hat, war mich voll und ganz auf Hoffnung und Inspiration zu konzentrieren und nicht auf Schwarzmalerei mich selbst in mein Schicksal zu ergeben.

Es ist in Ordnung, sich für eine Weile niedergeschlagen zu fühlen, wenn es das ist, was Sie brauchen, aber dann - so schwierig es auch ist – fangen Sie an, einen anderen Plan zu entwickeln. Erstellen Sie einen groben Überblick über die Handlungsschritte, die Sie ausführen wollen, wenn Sie für einen neuen Versuch bereit sind.

3. Eifersucht

Wenn Sie neidisch auf den Erfolg anderer sind, ist es leicht zu denken: "Oh, er hat es leicht", oder Sie denken sich andere Arten aus, den Erfolg von anderen zu diskreditieren oder erfinden Ausreden, anstatt zu realisieren, dass es vielleicht einfach nur Beharrlichkeit und Hingabe sind, die anderen zum Erfolg verhelfen.

Wenn Sie erfolgreiche Menschen als Menschen betrachten, die "Glück gehabt haben", welche Art von Botschaft erhält dann Ihr Unterbewusstsein? Wie hartnäckig werden Sie sein, wenn Sie glauben, dass unternehmerischer Erfolg nur reines Glück, eine privilegierte Stellung ist oder auf unmoralischem Verhalten beruht?

Ihr Unterbewusstsein wird gegen Sie arbeiten, wenn Sie in Ihrem tiefsten Inneren eifersüchtig sind und erfolgreiche Menschen verachten.

Ersetzen Sie Neid durch Wertschätzung. Jedes Mal, wenn Sie von einer erfolgreichen Person hören, sehen Sie es als Beweis an, dass auch Sie Erfolg haben können. Besser noch, fangen Sie an, mit erfolgreichen Menschen Zeit zu verbringen und von ihnen zu lernen.

4. Knappheitsmentalität

Eine Knappheitsmentalität, führt dazu, dass man denkt, Erfolg ist ein Nullsummenspiel. Wenn ein Kuchen auf dem Tisch steht und Sie sich ein großes Stück davon nehmen, wird es weniger Kuchen für alle anderen geben.

Das gilt vielleicht für Kuchen, aber es gilt nicht für Erfolg.

Ihr Wissen mit anderen zu teilen macht Sie nicht weniger intelligent. Wenn Sie eines Ihrer Kinder lieben, bedeutet das nicht, dass weniger Liebe für alle anderen übrig ist. Und wenn Sie ein erfolgreicher Unternehmer werden, bedeutet das nicht, dass jemand anderes bankrott gehen muss.

Überflussmentalität ist das Gegenteil von Knappheitsmentalität. Es geht um den Glauben, dass es immer noch mehr gibt, dass man immer mehr erschaffen kann und dass man mit Hilfe anderer mehr erreichen kann, anstatt gegen diese zu um vermeintlich knappe Ressourcen zu konkurrieren.

Whartons jüngster verbeamteter Professor, Adam Grant, schreibt in seinem Bestseller *Geben und*

Nehmen: Warum anderen zu helfen, unseren Erfolg vorantreibt. "Das ist es, was ich am faszinierensten an erfolgreichen Gebern finde: Sie kommen an die Spitze, ohne über Leichen zu gehen, Sie finden Wege den Kuchen der sowohl Ihnen selbst als auch anderen zu Gute kommt, zu vergrößern. Während Erfolg in einer Gruppe von Nehmern eine Nullsumme ist, kann in Gruppen von Gebern, der Erfolg als ganzer größer sein, als die Summe der Teile."[19]

Sie können diesen synergetischen Effekt auch genießen, wenn Sie sich darauf konzentrieren, zu geben und Ressourcen zu teilen, anstatt alles für sich selbst zu horten.

Der erfolgreiche Immobilieninvestor Frank McKinney schreibt in seinem Bestseller *Groß herauskommen: 49 Geheimnisse für den Aufbau eines Lebens voller Erfolg*: "Wenn Sie mehr geben, als Sie erwarten zurück zu erhalten, handeln Sie aus einer inneren Stärke heraus. Sie hören auf, ein Buchhalter zu sein, der immer versucht, jeden einzelnen Punkte zu registrieren und werden stattdessen zu einem Philanthrop, der weiß, dass es genug für ihn gibt, um großzügig sein zu können. Und letztendlich erhält man mit dieser Einstellung genauso viel."[20]

So kontraintuitiv wie es auch klingen mag, um mehr zu bekommen, müssen Sie mehr geben. Verwandeln Sie sich von einer Person die hauptsächlich nimmt, in eine Person die hauptsächlich gibt und Sie werden erfolgreicher sein. [21]

5. Früh und häufig aufgeben

Sie verstärken, was Sie regelmäßig wiederholen. Wenn Sie die Angewohnheit haben, früh aufzugeben, wird es Ihnen schwerfallen, standhaft zu bleiben.

Wenn Sie beim Erlernen einer neuen Fertigkeit schnell die Begeisterung verlieren, warum sollte es dann anders sein, wenn Sie ein Unternehmen gründen oder neue Geschäftsideen testen?

Wenn Sie aufgeben, sobald Sie auf die erste Schwierigkeit stoßen – z.B. wenn Sie nicht wissen, wie etwas funktioniert -, trainieren Sie sich selbst dazu, hilflos zu werden.

Nach einer These von Diana Lynn Bartolotta an der Carnegie Mellon University, arbeiten Optimisten länger an Aufgaben, die sie für wichtig halten.[22] Interessant ist, dass Pessimisten länger durchhalten, wenn sie mit unwichtigen Aufgaben konfrontiert werden, während Optimisten schneller aufgeben, wenn sie eine Aufgabe als trivial betrachten.

Bartolotta schließt das Forschungspapier mit den Worten ab: "Ein Pessimist verschwendet seine Zeit und Energie eher für triviale Aufgaben, während ein Optimist seine Zeit und Energie für die wichtigeren Aufgaben aufspart. Folglich werden Optimisten bei wichtigeren Aufgaben besser abschneiden."

Entwickeln Sie eine beharrlichere Einstellung, indem Sie den Glauben entwickeln, dass Sie Hindernisse überwinden können, und handeln Sie entsprechend, wenn Sie sich in einer schwierigen Situation befinden.

Engagieren Sie sich in Aktivitäten, die Geduld erfordern, lernen Sie komplexe Fähigkeiten oder versetzen Sie sich in Situationen, die Problemlösungsfähigkeiten erfordern. Je öfter Sie länger bei einem Problem bleiben und durchhalten, desto leichter wird es sein, auch mit Ihren anderen Zielen weiterzumachen.

Drei wichtige umsetzbare Implikationen

Um Ihnen bei der Implementierung der Tipps aus diesem Kapitel zu helfen, finden Sie hier die drei wichtigsten umsetzbaren Implikationen:

1. Strukturieren Sie Ihre Umgebung um

Denken Sie darüber nach, wer und was sich positiv auf Ihre Umgebung auswirkt und wer oder was es schwieriger macht, Selbstdisziplin aufrecht zu erhalten oder ein Optimist zu sein.

Ich schlage vor, die wichtigsten Faktoren mit einer Skala von 1 bis 10 zu bewerten (1 ist die am wenigsten negative und 10 die giftigste Auswirkung) und dann die negativen Einflüsse nacheinander loszuwerden, beginnend mit denen mit der höchsten Punktzahl.

Es könnte eine bestimmte Person sein; eine Angewohnheit, die Ihre Tage immer schlimmer macht, wie ständiges nörgeln; oder vielleicht ein Teil Ihrer täglichen Routine, wie zu spät aufzustehen und dann keine Zeit und Energie zu haben, um an Ihren

Zielen zu arbeiten nachdem Sie dringliche Pflichten erfüllt haben.

2. Werden Sie proaktiv Sich beklagen und Resignation sind zwei häufige destruktive Verhaltensweisen, die dazu führen, dass Sie sich selbst zum Opfer machen.

Wenn Sie darauf warten, dass Dinge passieren, anstatt selbst dazu beizutragen, dass diese passieren, ist es höchst unwahrscheinlich, dass Sie jemals ein erfolgreicher Unternehmer werden.

Trainieren Sie sich selbst, der Versuchung zu widerstehen, aufzugeben und sich der Resignation hinzugeben. Stattdessen ergreifen Sie Maßnahmen, um das Problem zu lösen und schätzen Sie es als eine Herausforderung, Ihre Entschlossenheit zu stärken.

Wie Arnold Schwarzenegger in einem Interview mit dem Boston Globe sagte: "Stärke kommt nicht vom Gewinnen. Kämpfe und Probleme entwickeln Stärke. Wenn Sie mit Schwierigkeiten konfrontiert werden und sich entschließen, nicht aufzugeben, ist das echte Stärke."[23]

Bei Proaktivität geht es auch darum, sich auf mögliche zukünftige Probleme vorzubereiten. Wenn Sie eine Diät machen wollen, wäre es nicht sinnvoller, alle ungesunden Nahrungsmittel aus Ihrem Haus zu entfernen, anstatt sich auf Ihre Willenskraft zu verlassen, jedes Mal wenn Sie in die Küche gehen?

Selbst wenn Sie der selbstdisziplinierteste Unternehmer der Welt wären, würden Sie Versuchungen nicht lieber vermeiden, indem Sie proaktiv sind, anstatt darauf zu warten was geschieht?

3. Geben Sie mehr

Eine der schlimmsten negativen Verhaltensweisen, die man haben kann, ist zu denken, dass Ressourcen knapp sind und dass man alles für sich behalten sollte. Wenn Sie Angst davor haben, Ihr Wissen, Ihre Zeit und Ihr Geld mit anderen zu teilen, bauen Sie einen Käfig auf, der Sie erfolgreich zum Geizhals machen kann, aber Ihnen nicht dabei hilft, langfristigen Erfolg zu erzielen.

Beginnen Sie noch heute, mehr zu geben. Wenn Sie ein Schriftsteller sind, teilen Sie einige Ihrer Schriften kostenlos. Wenn Sie physische Produkte verkaufen, legen Sie ein Geschenk dazu. Teilen Sie Ihre Erfahrungen mit anderen ohne irgend etwas dafür im Gegenzug zu verlangen.

Sie werden die Knappheitsmentalität aus Ihrem Leben verschwinden lassen, wenn Sie kontinuierlich und großzügig mit anderen teilen, was Sie haben und immer daran denken, den Kuchen für alle zu vergrößern.

KREIEREN SIE EINEN LEBENSSTIL, MIT SELBSTDISZIPLIN ALS ZENTRUM: KURZE WIEDERHOLUNG

1. Menschen um Sie herum können Sie positiv oder negativ beeinflussen. Sie können unbewusst die negativen Verhaltensweisen und Überzeugungen von Menschen um sich herum annehmen. Aus diesem Grund ist es wichtig, darauf zu achten, wen Sie in Ihren sozialen Kreis lassen, da manche Leute Sie runterziehen und Ihre Bemühungen, sich selbst zu verbessern, sabotieren können.

2. Wenn Sie Ihre Umgebung unterstützender gestalten wollen, filtern Sie Ihre Freunde, vermeiden Sie Massenmedien und versorgen Sie Ihren Geist mit Positivität. Ihre Freunde zu filtern bedeutet, Sie müssen sich bewusst dafür entscheiden, mit wem Sie Zeit verbringen wollen. Denken Sie daran, dass andere Menschen Verhaltensweisen fördern können, die Ihrem persönlichen Erfolg nicht förderlich sind oder einfach nur Ihre Energie aus Spaß heraus aufzehren.

Es ist wichtig, die Massenmedien zu meiden, weil es fast ausschließlich negative Nachrichten sind, die dazu dienen, dass Sie sich ängstlich, bedroht und unruhig fühlen. Diese Medien erhöhen auch Ihre Risikowahrnehmung. Ein konstanter Zustrom negativer Gedanken ist weder für Ihren Erfolg vorteilhaft, noch für irgendetwas anderes. Beseitigen Sie diese selbst auferlegte Folter.

Bei der Versorgung Ihres Geistes mit Positivität geht es um die Konsumierung von inspirierenden, unterstützenden und stärkenden Inhalten und das Sichumgeben mit Personen, die Ihre positive Einstellung teilen. Es können inspirierende Videos sein. Glückliche Leute. Foren mit Benutzern, die sich selbst verbessern möchten. Sie entscheiden, womit Sie Ihren Geist versorgen; Warum nicht sicherstellen, dass es nützlichen Einflüsse sind, die Sie zu einer glücklicheren und erfolgreicheren Person machen?

3. Fünf Verhaltensweisen, die Ihre Entschlossenheit als Unternehmer dramatisch schwächen können, sind Sich beklagen, Resignation, Eifersucht, Knappheitsmentalität und frühes und häufiges Aufgeben.

Ständiges Sich beklagen entwickelt die Angewohnheit, über Probleme zu nörgeln, anstatt Lösungen zu finden. Es führt auch dazu sich selbst als Opfer zu sehen und tötet Durchhaltevermögen.

Resignation macht es Ihnen unmöglich zu handeln. Je länger Sie sich erlauben sich fatalistisch zu fühlen, desto schwieriger wird es, aufzustehen und es erneut zu versuchen. Es ist in Ordnung, sich für eine Weile schlecht zu fühlen, wenn Sie es brauchen, aber warten Sie nicht zu lange, um einen neuen Plan zu entwickeln.

Den Erfolg anderer Menschen Dingen zuzuordnen, die man nicht kontrollieren kann, wie Privilegien oder viel Glück, ist so, als würde man sich sagen, dass Beharrlichkeit nicht funktioniert. Erwarten Sie nicht, Erfolg zu haben, wenn Sie erfolgreiche Menschen kritisieren, anstatt das Beispiel zu schätzen das diese anderen Menschen setzen.

Die Knappheitsmentalität denkt, dass alles in dieser Welt knapp ist und dass Sie deshalb alles für sich selbst horten sollten. Eine solche Mentalität wird Ihre Ziele sabotieren, weil Sie in ständiger Angst davor leben, Ihre wertvollen begrenzten Ressourcen zu verlieren und Sie sich von anderen entfremden, weil Sie Angst haben, Ihr Wissen zu teilen und zusammenzuarbeiten.

Früh und schnell aufzugeben - in allen möglichen Kontexten, nicht nur in der Geschäftswelt - entwickelt eine zerstörerische Angewohnheit, die sicherstellt, dass Sie niemals große Erfolge erzielen werden. Alles, was lohnenswert ist, braucht Zeit um es zu erreichen, also müssen Sie sich selbst angewöhnen, länger weiterzumachen als alle anderen.

Kapitel 3: Wie man im Gleichgewicht und geistig gesund bleibt

Unternehmertum ist nicht nur eine Berufswahl. Für die meisten ist Unternehmertum ein sowohl ein Lebensstil, eine Einstellung und ein Geisteszustand.

Wenn Sie für jemand anderen arbeiten, müssen Sie sich nicht rund um die Uhr Gedanken über das Geschäft machen. Sie werden für Ihren Beitrag den Sie an das Unternehmen leisten bezahlt und nicht für mehr, sodass es einfacher ist, die Grenze zwischen Ihrem persönlichen und beruflichen Leben festzulegen und einzuhalten.

Wenn Sie ein Unternehmen besitzen, können Sie Ihre Gedanken nicht einfach so abschalten und Ihr Geschäft vergessen. Es ist Ihr Baby. Sie denken jeden einzelnen Tag daran, auch wenn Sie im Urlaub sind. Das kann Ihnen sowohl dienen als auch zu Ihrem Nachteil werden.

In diesem Kapitel erfahren Sie, wie Sie im Gleichgewicht bleiben und Ihre geistige Gesundheit nicht aufs Spiel setzen.

Ihr Körper ist Ihr Geschäftsführer

Unternehmer betrachten sich gerne als Helden, die rund um die Uhr ohne Pause arbeiten können. Viele glauben, dass ihr Körper eine unfehlbare Maschine ist, die ausschließlich von Kaffee und Snacks angetrieben werden kann. Sie täuschen sich auch häufig selbst indem Sie denken, dass sie ihr Privatleben an die Seite schieben und sich später um alles kümmern können, nachdem sie geschäftlichen Erfolg erreicht haben.

Ich hasse es Ihnen sagen zu müssen, aber diese Lebensweise wird unweigerlich Ihre Gesundheit, Ihre Beziehungen und Ihr allgemeines Wohlbefinden zerstören.

Wenn es um Gesundheit geht, ist Ihr Körper Ihr Geschäftsführer und er *wird* Sie feuern, wenn Sie Ihn nicht respektieren. Sich um Ihre Gesundheit zu kümmern, bedeutet sich gesund zu ernähren, sich ausreichend zu bewegen, ausreichend Schlaf zu bekommen und ungesunde Gewohnheiten zu vermeiden. Es ist von größter Bedeutung für Ihren Erfolg als Unternehmer.

Eine gesunde Ernährung ist notwendig, um alle Nährstoffe zu bekommen, die Ihr Körper benötigt. Unverarbeitetes Essen ist hier die beste Wahl, sowohl für Gesundheit als auch für Sättigung. Wenn Sie minderwertige Nahrung zu sich nehmen, erhalten Sie auch minderwertige Leistung.

Wenn es um Bewegung geht, sagt Psychologin und Bestseller-Autorin Kelly McGonigal in ihrem Buch *Der Instinkt der Willenskraft: Wie Selbstkontrolle funktioniert, warum sie wichtig ist und was Sie tun können, um mehr davon zu erhalten*, "Bewegung erweist sich als das einer Wunderdroge am nächsten stehende, das Wissenschaftler der Selbstkontrolle bisher entdeckt haben. Zunächst einmal, sind die durch sportliche Betätigung erzielten Vorteile bezüglich der Willenskraft unmittelbar. Fünfzehn Minuten auf einem Laufband reduziert das Verlangen, wie gesehen, wenn Forscher versuchen,

Leuten auf Diät mit Schokolade und Raucher mit Zigaretten in Versuchung zu führen."[24]

Was den Schlaf anbelangt, deutet die Forschung von Roy F. Baumeister darauf hin, dass Ruhe Ihre Willenskraft wieder auffüllen kann.[25] Wenn diese Tatsache allein nicht überzeugend genug für Sie ist, bedenken Sie, dass Schlafentzug zu kognitiven und motorischen Beeinträchtigungen führt, die einem im Sinne des Gessetze berauschten Blutalkoholspiegel entsprechen.[26] Ich glaube nicht, dass ich Ihnen über die anderen Vorteile von genug Schlaf erzählen muss, oder?

Sie können noch viel mehr über einen gesunden Lebensstil in meinen Büchern *Selbstdisziplinierter Diäter* und *Wie man Selbstdisziplin aufbaut um Sport zu treiben* lernen. In Bezug auf Selbstdisziplin ist es wichtig zu betonen, dass, wenn Sie Ihre Gesundheit vernachlässigen, Sie früher oder später die Konsequenzen tragen müssen. Je länger Sie die richtige Pflege Ihrer Gesundheit vernachlässigen, desto weniger effektiv werden Sie. Dies wird dann zu einer verminderten Selbstdisziplin führen.

Ihre Gesundheit sollte niemals in den Hintergrund treten. Sie können Ihre unternehmerischen Vorhaben immer wieder aufnehmen, aber Sie können Ihre Gesundheut nicht immer wieder zurück erlangen.

Vier Gründe und Lösungen für ein Ungleichgewicht im Verhältnis von Arbeit und Privatleben

Wahrer unternehmerischer Erfolg beinhaltet nicht nur Ihre Gewinne, Verkäufe, Einnahmen und Bewertungen - es geht auch darum, die richtige Balance zu finden, um sowohl Ihr Geschäft als auch Ihr persönliches Leben zu genießen. Was wäre sonst der Sinn? Unternehmerischer Erfolg bedeutet nichts, wenn Sie in Ihrem Privatleben versagen

In seinem Artikel über das Gleichgewicht von Arbeit und Privatleben für *Forbes* teilt der Unternehmer Michael Simmons vier Gründe mit seinen Lesern, warum laut dem Unternehmertrainer David Kashen die Vereinbarkeit von Beruf und Privatleben für Unternehmer so schwierig ist.[27] Lassen Sie uns jede dieser Herausforderungen einzeln zerlegen und beheben:

1. Vermischen von persönlicher Identität und geschäftlichem Wohlergehen

Wenn Sie Ihr Geschäft als Ihr Baby behandeln, ist es leicht die Grenze zwischen Privat- und Geschäftsleben zu verwischen. Emotionale Bindung an Ihr Unternehmen kann dann Ihr Wohlbefinden bestimmen. Wenn das Geschäft gut läuft, geht es Ihnen gut. Wenn das Geschäft schlecht läuft, geht es Ihnen schlecht.

Als logisch denkender Mensch wollen Sie sich nicht schlecht fühlen. Folglich verbringen Sie mehr und mehr Zeit mit der Arbeit, sodass Sie Ihr Unternehmen ständig überwachen und auf seine Bedürfnisse sofort eingehen können. Bald gibt es in Ihrem Leben kein Gleichgewicht mehr, denn alles dreht sich nur noch um Ihr Geschäft.

Wie löst man dieses Problem?

Wenn der primäre Grund darin besteht, Ihr Selbstwertgefühl mit Ihrer Geschäftsleistung zu verknüpfen, ist die beste Lösung, mehr Funktionen oder Rollen zu finden, die Sie als Person definieren und auch von diesen ein Selbstwertgefühl abzuleiten.

Wenn Sie nicht nur ein Unternehmer, sondern auch ein Elternteil, ein Ehepartner, ein Tennisspieler oder ein aktiver Teilnehmer in Ihrer lokalen Gemeinschaft sind, neigt Ihr Selbstwert weniger dazu, kaputt zu gehen, wenn Sie in einem Bereich Ihres Lebens auf Probleme stoßen.

Es mag komisch erscheinen, aber Sie können ein viel besserer Unternehmer werden, wenn Sie nicht ständig an Ihre Geschäfte denken. Andere Rollen in Ihrem Leben können Ihnen helfen den notwendigen Abstand zu erhalten und nicht mehr den Wald vor lauter Bäumen nicht zu sehen.

Zu guter Letzt, ziehen Sie eine Delegierung Ihrer Arbeit als eine zusätzliche Möglichkeit in Erwägung, um die Verbindung zwischen Ihrem Selbstwertgefühl und Ihrem Geschäft zu durchbrechen. Etwas Verantwortung an andere Menschen zu übertragen, kann Ihnen dabei helfen damit aufhören sich für unersätzlich bezüglich Ihres Geschäftes zu betrachten und Ihr Geschäft als etwas anzusehen, um das nur *Sie* sich kümmern können und dem nur *Sie* zum Wachstum verhelfen können.

2. Angst vor dem Scheitern

Für viele Unternehmer ist ihr Unternehmen alles, was sie haben. Sie haben alle ihre Ressourcen investiert: Ersparnisse, Zeit, Energie und Ansehen. Infolgedessen fällt es vielen Unternehmern schwer, das Gleichtgewicht zwischen ihrem persönlichen und beruflichen Leben einzuhalten.

Wie können Sie dies vermeiden?

Der erste Schritt besteht darin, Ihre Einstellung gegenüber Fehlern zu verändern. Angst ist eine nützliche Emotion, wenn man einem Raubtier im Gebüsch gegenübersteht, aber für einen Unternehmer ist es kein produktiver Geisteszustand.

Die Angst vor einem Misserfolg ist normalerweise am stärksten für Personen, die noch nicht viele Fehlschläge im Leben erlebt haben. Warum unterziehen Sie sich nicht einer "Fehlschlagstherapie", indem Sie gezielt schwierige Dinge mit einer hohen Fehlschlagswahrscheinlichkeit ausprobieren? Wir haben Angst vor uns unbekannten Dingen. Wenn Sie etwas auf einer täglichen Basis erleben - wie in diesem Fall zu Versagen -, wird es Ihnen keine große Angst mehr bereiten.

Ich bin schon unzählige Male als Unternehmer gescheitert. So schlimm auch jeder einzelne dieser Misserfolge war, haben sie mir aber auch beigebracht, mich mit ihnen wohl zu fühlen.

Stellen Sie sich Ihrer Angst und machen Sie Misserfolge zu einem Bestandteil in Ihrem Leben. Sie müssen nicht absichtlich Ihr Geschäft gegen die Wand fahren. Um sich an Hindernisse, Rückschläge und Ausrutscher zu gewöhnen, führen Sie mehr Herausforderungen in Ihr persönliches Leben ein, wie z. B. das Erlernen einer neuen und schwierigen Fähigkeit.

Der zweite Schritt, um mit der Angst vor dem Scheitern umzugehen - wenn sie durch die Angst vor dem Verlust von Geld motiviert wird - ist, Ihr finanzielles Leben in Ordnung zu bringen. Ihre Angst vor dem Scheitern wird abnehmen, wenn Sie ein Sparbuch einrichten, das Ihre Lebenshaltungskosten im Notfall für sechs Monate decken würde. Das ermöglicht es Ihnen auch, sich wohler zu fühlen, eine

Pause einzulegen, in den Urlaub zu fahren oder Zeit damit zu verbringen anderen Aspekten in Ihrem Leben zu genießen.

3. Liebe zur Arbeit

Ich verstehe das. Sie haben eine große Leidenschaft für Ihr Geschäft und Sie denken ständig daran. Ich bin genauso. Ich kann meinen unternehmerischen Geist nicht ausschalten. Das ist schon in Ordnung, es sei denn, Ihr Geschäft ist die einzige Leidenschaft in Ihrem Leben und Ihr einziger Zufluchtsort bei Problemen.

Wenn das Ungleichgewicht in Ihrem Leben in erster Linie von Ihrer Leidenschaft für Ihr Geschäft motivert ist und es beginnt, Ihre Beziehungen zu belasten, ist es Zeit für eine Veränderung.

Was mir persönlich geholfen hat, war, andere Leidenschaften außerhalb der Arbeit zu finden. Ich habe dann auch ein paar meiner Freunde mit einigen dieser Leidenschaften angesteckt. Zum Beispiel gehe ich regelmäßig mit einem Freund klettern. Ich habe auch eine Liebe für Sprachen und Reisen, daher ist das Planen von zukünftigen Reisen eine weitere leidenschaftliche Tätigkeit, die meine Aufmerksamkeit vom Geschäft ablenkt.

Finden Sie nicht-geschäftliche Leidenschaften in Ihrem Leben und wenn Sie süchtig nach diesen werden, werden sie mehr Gleichgewicht im Leben erreichen. Als Nebeneffekt sind Sie energiegeladener und haben neue Perspektiven bezüglich des Wachstums Ihres Unternehmens.

4. Eine Belohnung für die Erledigung von mehr Arbeit

Als Unternehmer können Sie immer mehr arbeiten und immer mehr erreichen. Es gibt keine Obergrenze für das, was Sie erreichen können und es fühlt sich großartig an, ständig mehr zu erreichen. Es ist nicht überraschend, dass viele Unternehmer so viel arbeiten, wie sie nur können und immer noch das Gefühl haben, dass sie mehr arbeiten sollten.

Leider hat diese Erfolgssucht negative Nebenwirkungen. Sie fangen an, Ihre Gesundheit, Familie, Freunde und Selbstversorgung zu vernachlässigen. An einem bestimmten Punkt wird aus dem einfachen Wunsch, mehr zu arbeiten, eine

Arbeitssucht, eine Sucht nach Arbeit um des bloßen Arbeitswillen.

Die Lösung für dieses Problem ähnelt der Lösung für die Liebe zur Arbeit. Finden Sie etwas, das Sie herausfordert und Sie produktiv macht. Es muss nicht direkt greifbare Ergebnisse generieren; Solange es Ihnen ein ähnliches Erfolgsgefühl gibt wie Ihr Geschäft, wird es ausreichen. Sie erhalten Bonuspunkte, wenn Sie diese Aktivität mit anderen zusammen machen.

Zum Beispiel liebe ich es Sprachen zu erlernen und halte es für eine äußerst produktive Art, Zeit zu verbringen. Es erinnert mich daran, dass es im Leben mehr zu erreichen gibt als nur in meinem Geschäft zu arbeiten und das hilft mir, das Gleichgewicht zwischen meinem persönlichen und unternehmerischen Leben besser zu halten. Ich übe auch verschiedene Sportarten aus, wie Tennis und Radfahren und lade meine Freunde ein, diese mit mir zu genießen.

Um das Gleichgewicht wiederzuerlangen, sollten Sie sich mit anderen Menschen in Ihrem Leben an diesen zweckmäßigen und produktiven Freizeitaktivitäten beteiligen. Finden Sie persönliche Zufriedenheit darin, wertvolle Zeit mit Ihren Lieben zu verbringen *und* etwas zu tun, das Sie als Person weiterentwickelt. Hier sind ein paar Ideen:

- Werden Sie, zusammen mit Ihren Freunden, Mitglied in einer lokalen Fußballmannschaft.

- Gehen Sie mit Ihrer Familie auf Entdeckungsreise in der Wildnis und organisieren Sie regelmäßig Ausflüge.

- Bauen Sie etwas mit Ihren eigenen Händen: einen Küchentisch, ein Spielzeug, eine Heimdekoration. Laden Sie Ihre Freunde, Kinder, Ehepartner oder andere Familienmitglieder zur Teilnahme ein.

- Kochen Sie etwas. Kochen und Essen gehören zu den angenehmsten sozialen Aktivitäten, die ein Lächeln auf Ihr Gesicht zaubern und Ihnen das Gefühl geben, etwas erreicht zu haben.

- Üben Sie verschiedene Künste aus: Malen, Musizieren, Schreiben, Bildhauerei. Engagieren Sie

Ihre ganze Familie oder teilen Sie die Früchte Ihrer Arbeit mit ihnen.

- Arbeiten Sie in Ihrem Garten. Das wird Ihnen helfen, sich zu entspannen. Sie können dies auch in eine soziale Aktivität mit Ihrem Ehepartner, Kindern oder Freunden verwandeln, denen es nichts ausmacht, sich die Hände schmutzig zu machen.

Der Sinn und Zweck ist es, ein Leben außerhalb Ihres Geschäfts zu haben. Aufregung in nicht-geschäftlichen Kontexten wird es leichter machen, das Gleichgewicht zwischen Ihrem persönlichen und beruflichen Leben zu halten.

Drei wichtige umsetzbare Implikationen

Im Folgenden finden Sie drei wichtige Implikationen, die Ihnen helfen, das richtige Gleichgewicht im Leben sowie Ihre geistige Gesundheit zu bewahren.

1. Achten Sie auf Ihre Gesundheit

Geschäftliche Unternehmungen machen süchtig und bieten viel Spaß. Wenn Sie jedoch Ihre Gesundheit vernachlässigen, werden Sie eines Tages nicht mehr in der Lage sein zu arbeiten.

Grundlegende Vorbeugung ist alles was man braucht, um das Risiko vieler schlimmer Krankheiten zu minimieren.

Analysieren Sie Ihre Gesundheit und Fitness. Haben Sie eine gesunde Ernährung? Bekommen Sie genug Bewegung und genug Schlaf? Behandeln Sie Ihren Körper wie Ihren Chef, der respektiert werden muss oder wie einen Sklaven den Sie regelmäßig verheizen?

Wenn Sie übergewichtig sind, verändern Sie Ihre Essgewohnheiten und trainieren Sie mehr. Versuchen Sie mehr zu schlafen, wenn Sie dazu neigen, Nächte durchzuarbeiten und sich regelmäßig dabei erwischen tagsüber einzuschlafen.

Im Idealfall sollten Sie einen Weg finden, Leidenschaft und Freude aus Ihren Bemühungen zur Verbesserung Ihrer Gesundheit und Fitness abzuleiten. Wenn Sie Hilfe brauchen, werden Ihnen meine Bücher *Selbstdisziplinierter Diäter: Wie man trotz Heißhunger und schwacher Willenskraft Gewicht verliert und gesünder lebt* und *Wie man Selbstdisziplin aufbaut um Sport zu treiben:*

Praktische Techniken und Strategien zur Entwicklung lebenslanger Trainingsgewohnheiten whelfen.

2. Setzen Sie sich nicht-geschäftliche Herausforderungen

Wenn die einzigen Errungenschaften in Ihrem Leben aus Ihrem Geschäft resultieren, ist es kein Wunder, dass Sie es Ihrem persönlichen Leben vorziehen. Schließlich sind Sie auch nur ein Mensch und als solcher wollen Sie sich gut fühlen und wenn es in erster Linie geschäftliche Leistungen sind die Sie antreiben, wo sonst würden Sie nach persönlicher Befriedigung suchen?

Suchen Sie sich ein neues Hobby, eine Fähigkeit, die Sie meistern wollen oder eine Verbesserung die Sie in Ihrem persönlichen Leben erreichen wollen. Das wird Ihnen helfen, Ihren Hunger nach Erfolg zu stillen und Sie werden aufhören, Ihre Selbstwertgefühl allein anhand Ihre Geschäftsleistung zu messen. Lassen Sie sich in Ihrem persönlichen Leben gewinnen und verlieren, dies wird mehr Begeisterung in Ihr Leben bringen von anderen Quellen als lediglich Ihrem Geschäft.

Ich empfehle dringend, mindestens eine schwierige Sportart zu praktizieren, die Sie von der Arbeit ablenkt, Ihnen beim Entspannen hilft und eine Herausforderung darstellt, damit Sie sich nicht in Ihre Arbeit als eine Art Selbsttherapie flüchten müssen.

3. Haben Sie ein Leben

Ich verstehe, dass Sie Ihr Geschäft lieben. Sie lieben Unternehmertum. Es ist Ihre Leidenschaft. So absurd es sich vielleicht auch anhört, sollten Sie dennoch ein Leben außerhalb der Arbeit haben. Geschäftsleute, die selten, wenn überhaupt, über andere Dinge als Geschäfte nachdenken, tendieren dazu, sich selbst zu Tode zu arbeiten, vernachlässigen ihr Privatleben und sind am Ende unglücklich.

Vergessen Sie nicht, dass Ihr Leben aus mehr besteht, als nur produktiv zu sein. Kümmern Sie sich um Ihre Gesundheit und Ihre Fitness, verbringen Sie wertvolle Zeit mit Ihrer Familie und Ihren Freunden und versuchen Sie sich als Person außerhalb des Geschäftskontextes weiter zu entwickeln. All diese Dinge, wenn sie kombiniert werden, werden Ihnen helfen, Ihre Ergebnisse viel schneller und auf angenehmere Weise zu erreichen, als ein einsamer Workaholic zu werden.

Machen Sie noch heute, jetzt sofort, einen Plan, um ein befriedigenderes Privatleben zu führen. Wenn Sie jeden Tag aufwachen und leidenschaftliche Gefühle lediglich Ihrem Geschäft gegenüber empfinden, aber nicht bezüglich Ihres Privatlebens ist es höchste Zeit dies zu ändern und damit sich darauf zu freuen auch ein durchschnittlicher nicht-arbeitssüchtiger Mensch zu sein.

WIE MAN IM GLEICHGEWICHT UND GEISTIG GESUND BLEIBT: KURZE WIEDERHOLUNG

1. Ihr Körper ist Ihr Vorgesetzter. Vernachlässigen Sie Ihre Gesundheit nicht indem Sie denken, dass Sie sich später darum kümmern können, wenn Sie den Erfolg erzielt haben, nach dem Sie streben. Ihr allgemeines Wohlbefinden trägt wesentlich zu Ihrer Selbstdisziplin und Beharrlichkeit bei. Wie können Sie große Ziele erreichen, wenn Sie ständig krank und erschöpft sind?

2. Es gibt vier Hauptgründe, warum Sie kein angemessenes Gleichgewicht bezüglich Ihres Arbeits- und Privatlebens erreichen können: Vermischung von persönlicher Identität und geschäftlichem Wohlergehen, Versagensangst, Liebe zur Arbeit und das Gefühl, belohnt zu werden, wenn Sie mehr arbeiten.

Das Vermischen von persönlicher Identität und geschäftlichem Wohlergehen bedeutet, dass Ihr Geschäft Ihr Selbstwertgefühl definiert. Eine solch enge Verbindung mit Ihrem Geschäft führt dazu, dass

Sie immer mehr Zeit damit verbringen, bis Sie nichts anderes mehr in Ihrem Leben haben, als Arbeit.

Beheben Sie dieses Problem, indem Sie mehr Dinge und Rollen in Ihrem Leben finden, die Ihr Selbstwertgefühl definieren können (wie ein guter Elternteil zu sein). Erkennen Sie außerdem an, dass Sie mehr Erfolg haben können, indem Sie auf Abstand zu Ihrem Geschäft gehen und es aus einer anderen Perspektive betrachten. Zu guter Letzt, delegieren Sie verschiedene Bereiche Ihres Unternehmens, so dass nicht alles Ihre alleinige Verantwortung ist.

Wegen der Angst vorm Scheitern, arbeiten viele Unternehmer lange Stunden und opfern häufig Ihr Privatleben. Ein typischer Unternehmer ist stark in sein Geschäft involviert, sowohl finanziell als auch emotional.

Zu erlernen sich mit Unbehagen wohlzufühlen durch das Zulassen von Versagen in Ihrem Leben wird Ihnen helfen Ihre Sorgen bezüglich eines geschäftlichen Versagens zu verringern. Legen Sie ein Notfallfinanzsparbuch als Eigenversicherung an.

Die Angst vor dem Versagen wird nicht so lähmend und dominant in Ihrem Leben sein, wenn Sie wissen, dass Sie selbst im schlimmsten Fall in der Lage sein werden, sich für ein paar Monate finanziell zu unterstützen.

Die Liebe zur Arbeit hört sich nach einer guten Sache an, aber Unternehmer gehen oft bis zum Äußersten und lassen Ihr Geschäft zur einzigen Quelle von Herausforderungen und Selbstverwirklichung werden. Finden Sie Hobbys außerhalb der Geschäftswelt, die Sie herausfordern und zu einer weiteren Quelle der Leidenschaft in Ihrem Leben werden können.

Eine Belohnung, die Sie für mehr geleistete Arbeit bekommen, fühlt sich gut an. Als Unternehmer können Sie immer mehr von dieser Belohnung bekommen, da es immer mehr gibt, dass Sie tun können. Leider bedeutet dies auch, dass es leicht ist, damit zu weit zu gehen und alles andere zu vernachlässigen.

Dieses Problem hängt mit der Liebe zur Arbeit zusammen. Wenn Ihr Geschäft die einzige süchtig machende Sache in Ihrem Leben ist, ist es offensichtlich, dass Sie es gegenüber allem anderen bevorzugen werden. So schwierig es auch sein mag, entwickeln Sie nicht-geschäftliche Aktivitäten - idealerweise Aktivitäten, die Sie mit Ihren Lieben zusammen machen können - und finden Sie Befrieding und Begeisterung in diesen.

Es ist möglich, dass Sie lange brauchen werden, um etwas zu finden, das mindestens der Begeisterung und Freude entspricht, die Sie mit Erfolg in Ihrem Geschäft verbinden, aber am Ende wird es Ihnen ein ausgewogeneres und zukunftsfähigeres Leben ermöglichen.

Kapitel 4: Vier Toolsets zur Entwicklung Ihrer Selbstdisziplin als Unternehmer

Selbstdisziplin ist die Summe von stärkenden und unterstützenden Verhaltensweisen, Charakterzügen und Gewohnheiten, die Ihre Selbstbeherrschung stärken. Zusätzlich zu den grundlegenden Teilen des Puzzles, die wir bereits aufgezeigt haben, benötigen Unternehmer ein paar weitere Werkzeuge, um Selbstdisziplin zu entwickeln. In diesem Kapitel behandeln wir diese detailliert gruppiert in vier Toolsets, bestehend aus Charakterzügen, Gewohnheiten oder Denkweisen Veränderungen, die notwendig sind, um Ihre Entschlossenheit als Unternehmer zu stärken.

Wir besprechen, wie und warum diese Werkzeuge funktionieren und beschäftigen uns mit praktischen Wege diese in Ihr Leben zu integrieren. Wenn Sie diese Werkzeuge in Ihrem Leben einführen, profitieren Sie von einem synergetischen Effekt, der eine langfristige, unbeirrbare Selbstdisziplin erzeugt.

1. Hingabe und Antrieb

Hingabe bedeutet, sich voll und ganz in Ihr Unternehmen einzubringen. Der Antrieb treibt die Hingabe zum Prozess an. Der konsequente Einsatz dieser beiden untrennbaren Werkzeuge ist der entscheidende Unterschied zwischen Unternehmern, die langfristig erfolgreich sind und denjenigen, die aufgeben.

In dem Ihm eigenen rückhaltlosen Schreibstil schreibt der erfolgreiche Unternehmer und Bestseller-Autor MJ DeMarco in seinem Buch Die Millionärs Überholspur: *Knacken Sie den Code zum Reichtum und bleiben Sie reich bis ans Ende Ihres Lebens,* "um der Beste in einem Sport, Geschäft oder irgendwo anders zu werden, müssen Sie Ihr Ding essen, leben und scheißen. Wenn Sie sich in zehn verschiedenen Dingen gleichzeitig versuchen, werden Ihre Ergebnisse schlecht und unscheinbar sein.

Konzentrieren Sie sich auf eine Sache und machen Sie diese richtig und mit voller Leidenschaft."[28]

Die Hingabe beginnt mit einer bewussten Entscheidung, alle möglichen Fluchtwege zu unterbrechen und sich vollständig einer Geschäftsidee zu verschreiben, bis eines von zwei Dingen passiert: Entweder es wird erfolgreich oder es scheitert. Es gibt kein Dazwischen, "ein bisschen rumplantschen" oder "es mal versuchen".

Wenn Sie Ihre Aufmerksamkeit auf mehr als eine Geschäftsidee auf einmal richten, wird Ihre Beharrlichkeit schwinden. Wenn Sie mit einem Ihrer Unternehmen auf Hindernisse stoßen, ist es verlockend, einfach aufzugeben und zu einer anderen Idee überzugehen. Warum sollten Sie für Ihr erstes Geschäft kämpfen, wenn es immer noch ein zweites gibt, das - vorerst - noch keine Schwierigkeiten hat? Sie diesen Luxus nicht, wenn Sie nur ein Unternehmen führen und dies stellt sicher, dass Sie Ihr Bestes geben, wenn Sie Rückschläge erleiden, anstatt den Komfort eines anderen Unternehmens zu suchen.

Oh, sagen Sie, aber es gibt so viele Unternehmer, die mehrere Geschäfte führen!

Leute wie Elon Musk und Richard Branson können vielleicht *jetzt* mehrere Geschäfte führen, aber beide haben mit nur einem Projekt begonnen und neue Unternehmen erst dann gegründet, wenn Ihre vorherigen Projekte ihre aktive Beteiligung nicht mehr benötigten. Jahrzehntelange Erfahrung, vertrauenswürdige Teams bestehend aus Weltklasse-Mitarbeitern und nahezu unbegrenztes Kapital ermöglichen es ihnen, mehrere Unternehmen zu führen. Wenn Ihnen diese Ressourcen fehlen, sollten Sie lieber bei einer Sache bleiben.

Ich empfehle dringend, einem neuen Projekt mindestens sechs Monate lang Ihre ungeteilte Aufmerksamkeit zu widmen. Indem Sie alle Ihre Ressourcen in ein Unternehmen investieren, erhöhen Sie Ihre Erfolgschancen drastisch und reduzieren die Versuchung, nach der nächsten glänzenden neuen Sache zu jagen.

Sobald Sie sich auf ein Geschäft festgelegt haben, widmen Sie sich diesem, indem Sie eine konsistente Routine einrichten.

Als selbstpublizierender Autor setze ich mir selbst Wortzahl Ziele, die ich täglich erreichen muss. Ich weiß, dass zur Aufrechterhaltung der Selbstdisziplin mein Verhalten automatisiert sein muss, also warte ich nicht darauf, dass die Muse mich besucht. Stattdessen folge ich Stephen Kings Ratschlag: "Amateure sitzen und warten auf Inspiration, der Rest von uns steht einfach auf und macht sich an die Arbeit."[29]

Eine starke Arbeitsmoral ist einer der mächtigsten Verbündeten von Selbstdisziplin und Beharrlichkeit. Etablieren Sie eine tägliche Routine mit einer Schlüsselaufgabe, die Sie unbedingt vor allem anderen erledigen müssen. Es ist am besten, wenn diese Aufgabe quantifizierbar und wiederholbar ist, wie etwa tausend Worte pro Tag schreiben, dreißig potenzielle Kunden anrufen oder zweihundert Zeilen Code schreiben.

Um die Hingabe an den Prozess aufrechtzuerhalten, müssen Sie Ihren Tank auch mit dem richtigen Treibstoff füllen: leistungsstarker Antrieb oder Zweck.

Wie ich in meiner Newsletter-Serie über die Entwicklung einer prozessorientierten Denkweise schreibe (Sie erhalten diese E-Mails, wenn Sie sich für meine Liste anmelden, indem Sie dem Link folgen, den Sie am Anfang oder am Ende dieses Buches finden):

"Die meisten Menschen *möchten* nur finanziell unabhängig werden und deswegen wünschen sie sich dies für den Rest Ihres Lebens. Diejenigen, die das Ziel tatsächlich erreichen, sind diejenigen, die es sich nicht nur wünschen - es sind diejenigen, die diese Unabhängigkeit notwendig in ihrem Leben brauchen und bereit sind, den Preis zu zahlen, um diese zu erreichen. Sie sind bereit, mehrere Anfälle von Depressionen, Frustrationen, Misserfolgen , und dem Gefühl sich wie Einsiedler vorzukommen zu durchbrechen – nur um ihren Traum wahr werden zu lassen."

Das ist die Art von Antrieb, die Sie in Ihrem unternehmerischen Leben benötigen, um an Ihren Träumen zu arbeiten, bis diese dann Wirklichkeit werden. Es geht jedoch nicht um bloße, selbstbefriedigende Leidenschaft; Es geht darum, es zu tun, weil Sie es tun *müssen*, angetrieben von dem Wunsch, ein erfolgreiches Unternehmen zu führen und der Welt einen Wert zu geben.

Ryan Holiday, Bestseller-Autor von *Ego ist der Feind*, postuliert: "Der Sinn besteht darin, etwas außerhalb von sich selbst zu verfolgen, anstatt sich selbst zu befriedigen", und er schlägt vor, dass Sie "es zu etwas machen was Sie fühlen Sie *müssen* tun und sagen und nicht was Ihnen wichtig ist oder was Sie sich wünschen zu sein"[30]

Beginnen Sie noch heute damit, Ihre Arbeit zielstrebiger zu machen, indem Sie dem Erfolg nachjagen und nicht nur sich selbst dienen, sondern insbesondere anderen. Erinnern Sie sich an prosoziale und intrinsische Motivation? Das Streben nach Beherrschung ist eines der schönsten Beispiele davon.

2. Konzentration und Überlegung

Zwei Unternehmen gleichzeitig zu führen, ist ein Rezept zur Ablenkung. Es bietet einen einfachen Weg aus Ihrem schwierigem Geschäft auszusteigen. Anstatt es zu reparieren, ist es einfacher aufzugeben und zu einem anderen Projekt überzugehen, nur um denselben Fehler zu wiederholen, wenn Sie auch hier auf Hindernisse stoßen.

Aber, Ablenkung kann Sie auch treffen, wenn Sie nur einem Unternehmen treu sind.

Zum Beispiel, spielen viele Menschen gerne Unternehmer, indem sie Visitenkarten, ein Logo oder eine Website mit trendigen Accessoires entwerfen. Sie täuschen sich selbst, indem sie denken, dass diese hektische Arbeit ein wichtiger Schritt bei der Gründung eines Unternehmens ist, wenn dies eigentlich in den Hintergrund treten sollte. Sie lenken sich mit irrelevanten Aufgaben ab, anstatt sich auf das Wesentliche zu konzentrieren - Wertschaffung.

Deshalb brauchen Sie Konzentration und Überlegung in Ihrem Leben. Mit diesen Werkzeugen können Sie herausfinden, was *jetzt im Moment* wichtig ist.

Jedes Mal, wenn Sie Ihre Ressourcen für eine Aufgabe einsetzen möchten, sollten Sie sich fragen, ob das *jetzt im Moment* wirklich *notwendig* ist. Denken Sie diesbezüglich an intelligente Arbeit, die Ergebnisse hervorbringt und nicht an Arbeit nur um zu arbeiten. Es fühlt sich vielleicht gut an, ein paar Stunden damit zu verbringen, Ihre Visitenkarte zu optimieren, aber am Ende bringt diese Handlung nicht das, was Ihr junges Unternehmen zur Zeit am meisten braucht - Kunden.

Diese einfache Angewohnheit des konzentrierten arbeitens wird Ihnen helfen, Selbstdisziplin nicht bezüglich Aufgaben mit geringen Auswirkungen zu verschwenden und Sie werden somit mehr Selbstdisziplin für die Durchführung wichtiger Aufgaben zur Verfügung haben.

Und da wir gerade von Fokus sprechen, eine weitere Herausforderung ist der Umgang mit Ablenkungen am Arbeitsplatz, die sich negativ auf Ihre Produktivität auswirken.

Sie sitzen in Ihrem Büro, arbeiten an einer wichtigen Aufgabe und plötzlich bekommen Sie eine E-Mail oder jemand ruft Sie an. Sie antworten auf die Nachricht oder beenden die Konversation. Es ist Zeit, sich wieder an die Arbeit zu begeben, aber bevor Sie das tun, entscheiden Sie sich, schnell nochmal auf Ihre Facebook-Seite zu schauen. Sie antworten auf ein paar Nachrichten, sehen sich einen neuen Kino-Trailer an, den einer Ihrer Freunde gerade geteilt hat und kommentieren auf die Reisebildern eines anderen Freundes. Sie schauen auf die Uhr und dreißig Minuten sind einfach verschwunden.

Ablenkungen erzeugen eine Kettenreaktion. Lassen Sie sich einmal ablenken und machen Sie sich bereit für weitere Ablenkungen.

In seinem Buch *Ihr Gehirn bei der Arbeit: Strategien zur Überwindung von Ablenkungen, zur Wiedererlangung des Fokus und zur schlaueren Arbeit am ganzen Tag*, schreibt der Autor David Rock: "Eine Studie fand heraus, dass Ablenkungen im Büro durchschnittlich 2,1 Stunden am Tag kosten. Eine weitere Studie, die im Oktober 2005 veröffentlicht wurde, ergab, dass Mitarbeiter im Durchschnitt elf Minuten mit einem Projekt verbrachten, bevor sie abgelenkt wurden. Nach einer Unterbrechung brauchten sie fünfundzwanzig Minuten, um zur ursprünglichen Aufgabe zurückzukehren, wenn sie dies überhaupt taten."[31]

Es braucht viel Zeit, um wieder in den Groove zu kommen, nachdem Sie den Fokus verloren haben und eine durchschnittliche Person verliert ihre Konzentration mehrmals während des Arbeitstages. Wenn Sie Ablenkungen in Ihrem täglichen Leben nicht kontrollieren können, werden Sie auch Schwierigkeiten haben, sich selbst zu kontrollieren.

Der Schlüssel zum Umgang mit Ablenkungen besteht darin, zuzugeben, dass sie passieren werden und diese im Voraus einzuplanen. Sie können Ablenkungen nicht vollständig eliminieren, aber Sie können sie durch diese drei Dinge kontrollieren:

1. Arbeiten Sie an der wichtigsten Aufgabe, wenn eine Störung am unwahrscheinlichsten ist, idealerweise am Morgen. Selbst wenn Sie irgendwann zu einem späteren Zeitpunkt während

Ihres Tages abgelenkt werden, haben Sie zumindest die wichtigste Aufgabe bereits erledigt.

In seinem Artikel für PsychologyToday.com empfiehlt der Autor David Rock: "Machen Sie Ihre tiefgründigere Denkarbeit am Morgen, während Sie immer noch die Fähigkeit haben, Ihre Aufmerksamkeit zu kontrollieren."[32]

Ich wache gerne um 5:00 Uhr morgens auf, um meine wichtigsten Arbeiten zu erledigen, weil das Haus ruhig ist, meine Gedanken frisch sind und sonst noch niemand wach ist.

2. Vermeiden Sie Ablenkungen, indem Sie an einem Ort arbeiten, an dem es am unwahrscheinlichsten ist, dass Sie unterbrochen werden. Es mag trendig sein, an einem Gemeinschaftsarbeitsplatz oder in einem Café zu arbeiten, aber Sie werden Ihre beste Arbeit an einem ruhigen Ort erledigen, an dem sich nur Sie und die jeweilig zu erledigende Aufgabe befinden. Als Unternehmer haben Sie wahrscheinlich die Freiheit zu arbeiten, wo immer Sie wollen. Wählen Sie Abgeschiedenheit.

In ihrem Interview mit FastCompany.com schlägt die Ablenkungsforscherin Gloria Mark vor, dass ihre persönliche beste Möglichkeit, Ablenkungen zu vermeiden, darin besteht, zu Hause zu arbeiten (um die störende Büroumgebung zu vermeiden) und ihre Webnutzung auf zweimal pro Tag einzuschränken.[33]

Beachten Sie diesen Ratschlag, indem Sie einen privaten Arbeitsbereich zu Hause einrichten und die Internetverbindung unterbrechen, soweit Sie diese nicht für die Arbeit benötigen. Erwägen Sie die Verwendung von Browsereinstellungen, mit denen Sie bestimmte Websites für einen bestimmten Zeitraum blockieren können.

3. Seien Sie achtsam und machen Sie eine Pause, wenn Sie spüren, dass Ihre Aufmerksamkeit nachlässt. Überlegen Sie, ob Sie dem Pomodoro-Ansatz folgen wollen, in dem Sie fünfundzwanzig Minuten lang arbeiten, eine fünfminütige Pause machen und dann mit einer weiteren Runde von fünfundzwanzig Minuten weitermachen.[34]

Zusätzlich sollten Sie vielleicht auch Meditation als Trainingswerkzeug in Erwägung ziehen, um Ihren

Fokus zu schärfen. Je häufiger Sie eine Aktivität ausführen, die Ihre gesamte Konzentration erfordert, desto besser können Sie beim Arbeiten das gleiche Konzentrationslevel beibehalten. Wenn Sie Meditation nicht besonders nützlich finden oder sie einfach nicht mögen, denken Sie über andere meditative Aktivitäten nach, wie zum Beispiel:

- Bewusst Musik anhören,

- Yoga oder Tai Chi praktizieren,

- Tagebuch führen,

- Andere nicht standardisierte Arten der Meditationen wie Gehmeditation, starrende Meditation, Atemmeditation oder Dankbarkeitsmeditation (Ich beschreibe alle diese Alternativen zur Meditation in meinem Buch *Tägliche Selbstdisziplin: Tägliche Gewohnheiten und Übungen um Selbstdisziplin aufzubauen und um Ihre Ziele zu erreichen*).

3. Entschlossenheit und Selektivität

Als Unternehmer finden Sie sich häufig in schwierigen Situationen wieder, in denen Sie keine fundierte Entscheidung treffen können.

Sie könnten sich dafür entscheiden, keine Entscheidung zu treffen, aber selbst das ist eine Entscheidung. Und am Ende ist es die schlimmste Entscheidung, die Sie treffen können, denn dann lassen Sie Dinge einfach geschehen, anstatt zu entscheiden, was zu tun ist und die Verantwortung für das Ergebnis zu übernehmen.

Selbstdisziplin kann nicht in einer Umgebung gedeihen, in denen Sie alles einfach nur passieren lassen, weil Selbstdisziplin *auch* die Entscheidung ist, verzögerte Befriedigung anstelle von sofortigen Belohnungen zu wählen. Beim Unternehmertum geht es darum, proaktiv zu sein und die Kontrolle zu übernehmen und nicht lediglich auf das zu reagieren, was mit Ihnen passiert.

Wie werden Sie eine entscheidungsfreudigere und selektivere Person?

Alles beginnt mit dem Verständnis, dass das Treffen von Entscheidungen Energie verbraucht. Je mehr Entscheidungen Sie treffen, desto geringer ist ihre Qualität. In der Psychologie wird dieses Phänomen *Entscheidungsmüdigkeit* genannt.[35]

Entscheidungsmüdigkeit kann auch zu *Entscheidungsvermeidung* führen, bei der Sie Entscheidungen vollständig vermeiden.[36]

Präsident Barack Obama sagte einmal: "Sie werden sehen, ich trage nur graue oder blaue Anzüge. Ich versuche Entscheidungen zu verringern. Ich möchte nicht entscheiden, was ich esse oder was ich trage. Weil ich zu viele andere und wichtigere Entscheidungen treffen muss." Er fügte hinzu: "Sie müssen Ihre Entscheidungskraft bündeln. Sie müssen sich selbst routinieren. Sie können sich nicht von Kleinigkeiten ablenken lassen."[37]

Man kann nicht leugnen, dass die Anzahl der Entscheidungen, die ein Präsident treffen muss, weit über die Quote einer typischen Person hinausgeht. Folglich würde ich sagen, dass er wahrscheinlich weiß, wie er mit seiner Entscheidungskraft umgehen sollte, finden Sie nicht?

Sich nicht mit unwichtigen Entscheidungen beschäftigen zu müssen, indem Sie Ihre täglichen Entscheidungen vereinfachen, wird Energie einsparen, die Sie brauchen, um wichtige Entscheidungen zu treffen.

Befreien Sie sich von Kleidung, die Sie nicht mehr tragen oder investieren Sie nur in Klassiker, die immer zusammenpassen. Kaufen und essen Sie ähnliche Lebensmittel, um Ihre Ernährungsgewohnheiten zu vereinfachen. Entscheiden Sie sich für das erste, das Ihnen in den Sinn kommt, wenn Sie gezwungen sind, eine triviale Entscheidung zu treffen, wie zum Beispiel beim auswärtigen Essen zwischen den Geschmacksrichtungen der Soße zu wählen.

Reduzieren oder eliminieren Sie triviale Entscheidungen von Ihrem Leben, aber seien Sie wählerisch bei wichtigen Entscheidungen mit langfristigen Konsequenzen.

Als ich mich entschloss, meine Bücher in andere Sprachen zu übersetzen, ging ich Dutzende von Bewerbungen durch, um den richtigen Übersetzer und Lektor zu finden. Ich hätte weniger wählerisch sein können, aber ich wusste, dass die Aufgabe zu wichtig war, um am falschen Ende zu sparen.

Wenden Sie Selektivität auf die gleiche Weise an. Begnügen Sie sich nicht mit Mittelmäßigkeit oder treffen Sie hastige Entscheidungen, wenn viel auf dem Spiel steht. Was triviale Entscheidungen angeht, verschwenden Sie Ihre Zeit nicht mit ihnen; Treffen Sie eine schnelle Entscheidung.

4. Entschlossenheit und Selbstvertrauen

Wissenschaftler bezeichnen Entschlossenheit als ein positives emotionales Gefühl, das Sie trotz Schwierigkeiten zum Handeln antreibt.[38] Es macht Sie hartnäckiger und verbessert Ihre Fähigkeit, mit Problemen umzugehen.

Als Unternehmer müssen Sie regelmäßig Rückschläge hinnehmen. Es wird niemanden geben, der Ihnen den Umgang mit diesen abnimmt. Wenn Sie nicht an Hindernisse gewöhnt sind, die sich Ihnen häufig auf Ihrer Reise zum Erfolg in den Weg stellen, werden Sie vielleicht zunächst die Versuchung verspüren, aufzugeben. Die gegenteilige Reaktion – Entschlossenheit - hilft Ihnen, sich auf die Lösungen zu konzentrieren: klettern Sie über die Mauer, zerstören Sie sie oder gehe Sie um sie herum.

In diesem Sinne geht es bei der Entschlossenheit darum, eine interne Kontrollüberzeugung und den Glauben zu haben, dass Sie Ihr Leben kontrollieren und Sie die einzige Person sind - keine externen Faktoren wie Glück, andere Menschen oder die Wirtschaft - die es ändern können.[39]

Eine Person mit einer externen Kontrollüberzeugung wird nicht in der Lage sein, mit der hindernden Wand umzugehen. Sie würde darauf starren und denken, dass "sie" (wer auch immer das ist) sie vom Erfolg fernhalten will und dass sie nichts anderes tun kann, als sich in ihr Schicksal zu ergeben.

Um eine interne Kontrollüberzeugung zu entwickeln, hören Sie auf, die Welt um sich herum zu beschuldigen. Übernehmen Sie die Verantwortung für jeden Erfolg und Misserfolg, den Sie erleben.

Eine solche beständige Verstärkung wird Sie ermutigen, jede Schwierigkeit mit einer handlungsorientierten Denkweise anzugehen, anstatt sich über äußere Faktoren zu beklagen.

Entwickeln Sie auch Ihre Selbstwirksamkeit, dies ist die Stärke Ihres Glaubens an Ihre Fähigkeiten und die Wahrscheinlichkeit mit der Sie daran glauben eine bestimmte Aufgabe ausführen oder ein bestimmtes Ziel erreichen zu können.[40]

In meinem Buch *Confidence: How to Overcome Your Limiting Beliefs and Achieve Your Goals*, behandle ich fünf grundlegende Regeln, um ein starkes Gefühl der Selbstwirksamkeit zu entwickeln. Diese sind:

1. Setzen Sie sich Ziele, die leicht über Ihren Fähigkeiten liegen, damit Sie Ihre Komfortzone beständig dehnen und sich an immer größere Herausforderungen gewöhnen können. In der Wirtschaft könnte dies mit kleinen Investitionen beginnen um dann langsam Ihre Risikoschwelle zu erhöhen.

2. Brechen Sie Ziele in kleinere Teile und vereinfachen Sie diese, um nicht überwältigt zu werden. Ein Unternehmen zu gründen klingt nach einem großen Unterfangen, aber wenn man es in kleine Aufgaben aufteilt, ist es leichter zu handhaben. Dann werden Sie sich eher entschlossen fühlen als entmutigt.

3. Konzentrieren Sie sich auf das Gesamtbild, um in Strategien anstelle von Taktiken zu denken. Als Unternehmer ist Ihr primäres Ziel, Verkäufe zu machen. Alles andere ist Hintergrund, insbesondere für eine Person, die gerade erst anfängt. Wie bereits erwähnt, sollten Sie sich auf wichtige Handlungen konzentrieren, anstatt sich mit Dingen zu beschäftigen, die sich gut anfühlen, aber keine Ergebnisse liefern.

4. Ändern Sie Ihre Einstellung bezüglich Hindernissen, damit Sie diese als Gründe für das Weitermachen betrachten, anstatt als Gründe aufzugeben. Wie der amerikanische Professor Randy Pausch sagte: "Die Ziegelwände sind aus einem bestimmten Grund da. Sie sind nicht da, um uns auszusperren. Die Ziegelwände sind da, um uns die Chance zu geben zu beweisen, wie sehr wir etwas wollen. Die Ziegelwände sind auch dazu da, um die Leute aufzuhalten, die es nicht stark genug wollen. Sie sind da, um die anderen Leute aufzuhalten."[41]

5. Übernehmen Sie die Kontrolle über Ihr Leben, damit Sie erkennen, dass das, was in Ihrem Leben

passiert, das direkte Ergebnis Ihrer eigenen Handlungen ist. Das führt auf die Entwicklung einer internen Kontrollüberzeugung zurück.

In der Praxis, solange Sie sich schwören nicht aufzuhören, bis Sie Ihr Geschäft zum Laufen bringen, werden Sie Entschlossenheit auf natürliche Weise entwickeln, genauso wie Sie auch natürlich stärker werden, wenn Sie regelmäßig schwere Gewichte heben.

Drei wichtige umsetzbare Implikationen

Die drei wichtigsten Maßnahmen, die Sie ergreifen können, um Ratschläge aus diesem Kapitel in Ihrem Leben umzusetzen, sind:

1. Widmen Sie sich

Wenn Sie eine starke Selbstdisziplin aufbauen wollen, müssen Sie sich unbedingt Ihrem Unternehmen und seinem Wachstum widmen. Dazu gehört es, einer feststehenden Routine zu folgen, die Ihnen hilft, sich an den Prozess zu halten und sich nicht durch die Arbeit an anderen, nicht verwandten Projekten zu verausgaben.

Beginnen Sie noch heute, bedingungslose Hingabe an den Prozess des Aufbaus Ihres Unternehmens zu entwickeln. Geben Sie sich mindestens sechs Monate (und idealerweise ein Jahr oder mehr), um sich auf Ihr Geschäft zu konzentrieren und lassen Sie sich nicht von neuen, verlockenden Geschäftsideen ablenken. Entwickeln Sie eine Schlüsselroutine, der Sie jeden Werktag folgen werden (wie das Anrufen einer bestimmten Anzahl an Interessenten oder das Produzieren einer bestimmten Menge eines Produkts) und weichen Sie nicht davon ab, egal was passiert.

2. Arbeiten Sie intelligent und konzentrieren Sie sich

Intelligent zu arbeiten und Ihre Ressourcen richtig zu verwalten, anstatt auf der Stelle zu laufen und verschwenderisch zu sein, wird Ihnen helfen, schneller bessere Ergebnisse zu erzielen. Dies wiederum verringert das Risiko, aufgrund mangelnder Beharrlichkeit oder Selbstdisziplin aufzugeben.

Erledigen Sie die wichtigsten Aufgaben so früh wie möglich oder wann immer Unterbrechungen vermieden werden können. Berücksichtigen Sie außerdem die Tatsache, dass es zu Ablenkungen kommen *wird*. Daher ist es besser, in kurzen vorherbestimmten Zeiträumen zu arbeiten und Ablenkungen in Ihre kurzen Pausen einzuplanen. Erwägen Sie Meditation oder meditativ-ähnliche Aktivitäten, die Ihnen helfen, Ihre Gedanken zu ordnen und Ihre Konzentrationsfähigkeit zu schärfen.

Seien Sie achtsam, wenn Sie neue Aufgaben auswählen. Es ist leicht, in die Falle zu geraten, bestimmte Sachen zu machen, nur weil es sich gut anfühlt, auch wenn diese keinem bestimmten Zweck dienen. Nehmen Sie an, dass Ihre Selbstdisziplin eine begrenzte Ressource ist und vermeiden Sie die Verschwendung dieser an unnötigen Aufgaben.

Überprüfen Sie die Aufgaben, die Sie regelmäßig erledigen und stellen Sie sich die Frage, welche dieser Aufgaben wirklich notwendig sind und welche nicht. Verringern Sie die Zeit, die Sie für weniger wichtige Aufgaben verwenden oder eliminieren Sie diese vollständig aus Ihrem Zeitplan.

Vergessen Sie nicht, dass Entscheidungen auch Energie verbrauchen. Je mehr Zeit Sie damit verbringen, unwichtige Entscheidungen zu treffen, desto schwieriger ist es, die richtigen wichtigen Entscheidungen zu treffen. Reduzieren Sie die Anzahl der trivialen Entscheidungen so weit wie möglich und seien Sie wählerisch bezüglich wichtiger Entscheidungen, die langfristige Auswirkungen haben können.

3. Lernen Sie, sich selbst zu vertrauen

Unternehmer zweifeln oft an sich selbst. Das kann zu einer schwachen Entschlossenheit und Entscheidungsvermeidung führen.

Lernen Sie, sich selbst zu vertrauen, indem Sie ständig aus Ihrer Komfortzone ausbrechen und Dinge probieren, die immer schwieriger werden. Beginnen Sie noch heute damit, jeden Tag mindestens eine Sache zu tun, die Sie erschreckt oder Ihnen Unbehagen bereitet.

Unterteilen Sie außerdem jede Herausforderung in kleinere Schritte, um nicht überfordert zu werden.

Wenn Sie große Ziele haben, unterteilen Sie diese in kleinere Bestandteile.

Zu guter Letzt denken Sie an das Gesamtbild - langfristige Strategien anstelle von kurzfristigen Taktiken, große Veränderungen statt kleine Verbesserungen. Beurteilen Sie Ihren derzeitigen Ansatz und fragen Sie sich, ob Sie sich hauptsächlich auf die kleinen Dinge oder auf die wichtigeren langfristigen Aussichten konzentrieren.

VIER TOOLSETS ZUR ENTWICKLUNG IHRER SELBSTDISZIPLIN ALS UNTERNEHMER: KURZE WIEDERHOLUNG

1. Hingabe an den Prozess ist der erste grundlegende Schlüssel der Selbstdisziplin für einen Unternehmer. Wenn Sie Ihrem Geschäft nicht die volle, ungeteilte Aufmerksamkeit schenken, werden Sie Schwierigkeiten haben. Langfristige Beharrlichkeit entsteht durch die Verpflichtung, einem Unternehmen treu zu bleiben.

2. Stärken Sie Ihre Hingabe, indem Sie einen leistungsstarken Antrieb entwickeln der Beste in dem zu werden, was Sie tun und sich auf den Wert zu konzentrieren, den Sie der Welt hinzufügen. Wenn Sie anfangen sich zu fühlen, als ob Sie es tun *müssen*, werden Sie unaufhaltbar sein.

3. Handeln Sie bewusst. Wann immer Sie Ihre Zeit oder Energie für eine große Aufgabe aufwenden wollen, fragen Sie sich, ob es wirklich notwendig ist. Manche Unternehmer arbeiten oft für das Gefühl des oberflächlichen Erfolgs, anstatt Ergebnisse in der realen Welt zu erzielen. Denken Sie an schlaue Arbeit

und an die Ergebnisse, nicht an sinnlose harte Arbeit und Arbeit, nur um der Arbeits Willen.

4. Berücksichtigen Sie Ablenkungen, indem Sie einsehen das sie passieren werden und planen Sie entsprechend - zum Beispiel indem Sie in 25-minütigen Intervallen arbeiten. Ein Mangel an Konzentration führt zu mittelmäßigen Ergebnissen und mittelmäßige Ergebnisse führen nicht zu dem von Ihnen gewünschten Erfolg.

5. Eine entschlossene Person ist eine Person, die Entscheidungen trifft und handelt, anstatt darauf zu warten, dass etwas einfach so passiert. Das prägt die proaktive Einstellung, die für jeden Unternehmer wichtig ist. Verwalten Sie Ihre Entscheidungskraft, indem Sie die Anzahl der unwichtigen Entscheidungen, die Sie täglich treffen, reduzieren. Seien Sie außerdem selektiv und denken Sie bei wichtigen Entscheidungen sorgfältig nach.

6. Übernehmen Sie die Verantwortung für alles, was in Ihrem Leben passiert und üben Sie Ihre Entschlossenheit, indem Sie ständig aus Ihrer Komfortzone heraustreten. Ihre Fähigkeit, mit

Problemen und Misserfolgen fertig zu werden, wird natürlich wachsen, wenn Sie sich selbst herausfordern.

Kapitel 5: Die häufigsten Herausforderungen für Menschen, die ein Unternehmen gründen möchten

Eines der häufigsten Probleme von Menschen, die sich wünschen ein Unternehmen zu gründen, ist genau dies – Sie *wünschen* es sich. Der Begriff, den ich gerne für eine Person mit dieser Herausforderung benutze, ist "Möchtegern-Unternehmer", UrbanDictionary definiert das als "jemand, der darüber nachdenkt, ein Unternehmer zu sein oder ein Geschäft zu gründen, aber nie damit beginnt."[42]

Diese Möchtegern-Unternehmer gründen entweder gar kein Unternehmen oder geben vor, Unternehmer zu sein, indem sie kleine geldmachende Unternehmungen betreiben, die zum Scheitern verurteilt sind, oft in Übereinstimmung mit schlechten Ratschlägen von "verdienen Sie Geld Online" - Gurus.

Wir haben bereits darüber gesprochen, dass Verpflichtung eines der wichtigsten Dinge ist, die Sie benötigen, um im Geschäft erfolgreich zu sein. Zusätzlich dazu (sowie andere Eigenschaften und Angewohnheiten, die wir bereits besprochen haben), gibt es fünf weitere Gründe, warum viele Menschen Möchtegern-Unternehmer sind - und wie man diese überwinden kann.

1. Angst

Wenn Sie sich immer auf den Gehaltsscheck Ihres Arbeitgebers verlassen haben, können Sie es als beängstigend empfinden, dass Sie als Unternehmer nur bezahlt werden, wenn Sie Ergebnisse erzielen. Diese Angst kann so lähmend werden, dass Sie jahrelang davon träumen, ein Unternehmen zu gründen, aber es nie tun, weil Sie Angst haben, dass Sie verhungern oder Ihr Haus verlieren.

Ich würde Ihnen gerne einen genauen Schritt-für-Schritt-Prozess unterbreiten, um die Angst zu überwinden, aber leider existiert dieser nicht. Genauso wie Sie nie hundertprozentig dazu bereit sein werden, ein Baby zu bekommen, werden Sie niemals vollständig bereit sein, ein Unternehmer zu werden. Die einzige Möglichkeit um die Veränderung vorzunehmen ist einfach irgendwann damit anzufangen.

Es bedeutet nicht, dass Sie sich dem neuen Unternehmen sofort vollständig verschreiben und Ihren Job kündigen müssen. Mit der Arbeit an Ihrem Unternehmen zunächst nebenher zu beginnen ist eine gute Möglichkeit, Angst zu überwinden. Das ermöglicht Ihnen, eine gewisse Dynamik zu entwickeln, ohne das Risiko, in eine schlechte finanzielle Situation zu geraten, was insbesondere dann eine wichtige Erwägung ist, wenn Sie auch für Ihre Familie sorgen müssen.

Wenn Sie sich nicht vorstellen können, aus Ihrem eigenen Unternehmen Geld zu machen, beginnen Sie klein und mit etwas Einfachem wie:

- Einen gebrauchten Gegenstand wie z. B. ein Telefon oder ein Auto zu kaufen, es dann zu reinigen und/oder zu reparieren, ein paar gute Bilder davon zu machen und es mit einem kleinen Preisaufschlag zu verkaufen. Alternativ kaufen Sie solche Dinge in großen Mengen und verkaufen sie einzeln für einen höheren Preis. Ich habe früher Musik-CDs in großen Mengen gekauft und dann einzeln verkauft. Es war eine gute Erfahrung zu lernen, wie man ein kleines Geschäft führt, ohne viel Geld oder Zeit dafür zu investieren.

- Profitieren Sie von der "Gig Economy", indem Sie Ihre Dienste als Freiberufler auf Websites wie Upwork anbieten (Sie können sogar die gleichen Dienstleistungen anbieten, die Sie für Ihren aktuellen Arbeitgeber erbringen), Fahrer bei einem Mitfahrgelegenheitsunternehmen wie Uber werden oder Englisch unterrichten (oder andere Sprachen, die Sie sprechen) über Internetseiten wie Italki. Ich habe früher Artikel für verschiedene Kunden geschrieben. Obwohl ich das nicht als "richtiges" Geschäft bezeichnen würde - eher als ein Job, obwohl ich mein eigener Chef war – hat es mir doch viele nützliche Dinge beigebracht, die ich später als Unternehmer nutzen konnte.

- Dinge, die Sie selbst machen, über Handwerksmärkte wie Etsy verkaufen. Das kann leicht zu einem vollwertigen Geschäft werden.

Wenn Sie auch nur eine kleine Menge Geld außerhalb eines normalen Jobs verdienen, werden Sie das Selbstvertrauen entwickeln, dass Sie selbst Geld verdienen können. Dies wird Ihnen helfen, vom Möchtegern-Unternehmer zum Unternehmer zu werden.

Selbst wenn Sie bei Ihren ersten kleinen Unternehmungen versagen - und seien wir ehrlich, es *wird* passieren -, werden Sie lernen, mit Misserfolgen umzugehen und trotzdem weiterzumachen. Alle Unternehmer haben eine hochentwickelte Fähigkeit, mit Misserfolgen fertig zu werden. Wenn Sie Erfolg haben wollen, bereiten Sie sich darauf vor, diese Fähigkeit ebenfalls zu erwerben.

2. Perfektionismus

Viele Perfektionisten schieben Dinge für später auf, weil sie fürchten, dass sie keine perfekten Ergebnisse erzielen können.

Aber raten Sie mal... Sie werden niemals perfekte Ergebnisse in etwas erreichen, das Ihnen neu ist.

Das bedeutet aber nicht, dass Sie nicht damit anfangen sollten.

Als ich begann, Bücher zu schreiben, experimentierte ich mit zahlreichen Genres, einschließlich Fiktion. Die Geschichten waren peinlich, aber ich wusste, dass ich sie veröffentlichen musste, um echtes Feedback zu bekommen. Ich war überrascht, als ich anstelle von 1-Sterne-Bewertungen, 3-Sterne, 4-Sterne und sogar einige 5-Sterne-Bewertungen erhielt. Die Leute *mochten* meine Bücher tatsächlich, genau die, die ich als peinlich empfand.

Seitdem habe ich meine Schreibfähigkeiten verbessert und meinen Ansatz verfeinert. Gäbe es diese erste Erfahrung nicht und hätte ich mich nicht dieser Kritik ausgesetzt, wäre ich nicht da, wo ich heute bin.

Als Perfektionist haben Sie höchstwahrscheinlich unrealistische Standards. Zum Glück, wie Sie aus meiner Geschichte lernen können, wird das, was Sie über die Ergebnisse Ihrer Arbeit denken, wahrscheinlich nicht mit der Wahrnehmung Ihres Marktes übereinstimmen, der glücklich darüber sein wird, das zu verwenden, was Sie geschaffen haben.

Wenn Sie ein Möchtegern-Unternehmer sind, weil Sie Angst davor haben, dass Sie keine gute Arbeit leisten werden, gehen Sie davon aus, dass Ihr erstes Produkt oder Ihre erste Dienstleistung *auf jeden Fall* ein Reinfall wird und machen Sie es trotzdem. Meistens wird es nicht annähernd so schlimm sein wie Sie denken. Am Ende ist es trotzdem zu machen die einzige effektive Lösung, um der Perfektionismus-bedingten Inaktivität zu entkommen.

Bitte beachten Sie, dass Perfektionismus auch für das Warten auf perfekte Umstände gilt. Zum Beispiel glauben viele Unternehmer, dass sie kein Geschäft gründen sollten, wenn sie keine Finanzierung bekommen können. Aber ... Sie können immer *etwas* tun, auch wenn Sie lediglich fünf Dollar in Ihrer Brieftasche haben.

Als ich an meinem Softwaregeschäft arbeitete, hatte ich nicht genug Geld, um die gesamte

Anwendung zu entwickeln. Folglich begann ich klein mit einem groben minimal anwendungsfähigen Produkt (dem Skelett eines Produkts mit den meisten der wichtigsten Funktionen, die frühe Anwender benötigten) und sammelte dann Geld direkt von meinen Kunden.

Einfallsreichtum kann Sie weit bringen, wenn Sie aufhören zu warten, dass die Sterne sich zu Ihren Gunsten ausrichten und Sie trotzdem handeln.

Ein weiterer Ausdruck des Perfektionismus ist, unzählige Stunden damit zu verbringen, Bücher über das Unternehmertum zu lesen, aber den Rat nie in der realen Welt umzusetzen.

Es ist gut, sich über die Grundlagen des Unternehmertums zu informieren, aber eine echte kaufmännische Ausbildung beginnt, wenn Sie ein Unternehmen gründen. Nur dann werden die Konzepte, die in den Büchern behandelt werden, anfangen Sinn zu ergeben und Sie können auch den Rat herausfiltern, der in Ihrer Situation nicht anwendbar ist.

3. Die Alles-oder-Nichts-Mentalität

Ein anderer häufiger Grund, warum Menschen sich wünschen ein Unternehmen zu gründen, es aber nie verwirklichen, ist, dass Sie im Sinne von alles oder nichts denken.

Entweder sie gründen dieses junge, große und sexy Silicon Valley Unternehmen über das alle reden werden oder sie werden es gar nicht erst versuchen. Für sie ist der Aufbau eines so gerade eben anwendbaren Produkts nicht genug.

Es ist entweder eine glamouröse, "noch nie dagewesene" Erfindung oder nichts - sicherlich nicht eine lediglich etwas verbesserte Version eines bereits existierenden Produkts.

Es ist entweder ein riesiges Geschäft von Anfang an oder gar nichts. Die Idee mit einem kleinen Online-Shop zu testen ist nicht gut genug.

Es ist leicht zu erkennen, dass das einzige Ergebnis einer solchen Mentalität das Nichtstun ist. Eine Person, die im Sinne von alles oder nichts denkt, wird auf die richtigen Umstände warten (die nicht passieren werden) oder alle Möglichkeiten die sich ihnen bieten vergeuden, weil sie nicht die sofortigen und großen Ergebnisse bringen werden, die sie braucht.

Die beste Lösung ist, zu handeln und trotzdem irgendetwas zu tun. Bemerken Sie langsam einen Zusammenhang?

Wenn Sie neu in der Wirtschaft sind, empfehle ich Ihnen, mit etwas Kleinem und Einfachem zu beginnen, nur um etwas Erfahrung und Vertrauen zu gewinnen.

In großen Dimensionen zu denken ist bewundernswert, aber wenn Sie keine praktische Erfahrung in dem Bereich haben, in dem Sie gerne dominieren würden, sind Ihre Chancen, ein großes Unternehmen ohne vorherige Geschäftserfahrung zu gründen, gleich Null. Tauchen Sie stattdessen zuerst lediglich Ihren Zeh ins Wasser, erhalten Sie ein Gefühl dafür, wie realistisch Ihre Pläne sind und passen Sie diese entsprechend an.

Bevor ich mit dem Tennisunterricht angefangen habe, dachte ich, dass ich höchstens ein paar Unterrichtsstunden benötigen würde, um zu lernen, wie man richtig spielt. Ich wusste nicht, dass es ein oder zwei Jahre dauert, um das Spiel zu meistern. Hätte ich im Sinne von "alles oder nichts" gedacht, hätte ich nach den ersten paar Kursen aufgegeben.

In diesem Sinne ist das Geschäft wie Tennis. Ihre Alles-oder-Nichts-Mentalität kann Sie dazu verleiten, unrealistische Erwartungen zu haben, die alle möglichen kleinen Erfolge diskreditieren und Ihre Motivation ruinieren wird.

Fangen Sie klein an. Dehnen Sie langsam Ihre Komfortzone. Akzeptieren Sie die Tatsache, dass es höchst unwahrscheinlich ist, dass Ihr erstes Unternehmen von Anfang an erfolgreich sein wird oder Sie sofort ein großes Geschäft aufbauen. Ohne diese ersten kleinen Schritte zu unternehmen, werden Sie niemals die großen Ziele erreichen, die Sie für sich selbst haben.

4. Ausreden er finden

Leute erfinden Ausreden, weil:

1. Sie nicht genug Selbstvertrauen oder keine ausreichenden Fähigkeiten haben, Probleme zu lösen oder die eigene Wahrnehmung ihrer Fähigkeiten lässt

sie denken, dass sie nicht in der Lage sind, mit der Realität eines Unternehmens umzugehen. Wir haben das schon besprochen, als wir uns mit dem Thema Angst befasst haben.

2. Sie wollen Erfolg nicht stark genug, aber müssen ihre Untätigkeit rationalisieren. Das Problem sind nicht die Ausreden die sie erfinden, sondern die schwache Motivation.

3. Sie machen sich zu viele Sorgen oder neigen dazu, Berge aus Maulwurfshügeln zu machen. Ihre Ausreden sind entweder irrelevant oder nicht annähernd so schwierig zu behandeln, wie sie denken.

Wenn es um den zweiten Grund geht, warum Menschen Ausreden erfinden - weil sie Erfolg nicht ausreichend stark erreichen wollen – dreht es sich letztendlich allein um ihre Einstellung.

Wenn Sie nur deshalb ein Unternehmen gründen wollen, weil Sie Geld verdienen und reich werden wollen, ohne weiter darüber nachzudenken, warum Sie das Geld brauchen, wird es schwierig überhaupt damit anzufangen und sogar noch schwieriger, weiterzumachen.

Wir haben dies bereits im ersten Kapitel behandelt. Extrinsische Motivation ist hilfreich, kann aber ohne die Unterstützung intrinsischer Motivation und idealerweise auch prosozialer Motivation nicht auf eigenen Beinen stehen und daher allein für sich betrachtet nicht wirklich zum Erfolg führen.

Wenn Sie eine Unternehmensgründung schon seit Monaten oder Jahren vor sich her schieben, ist es vielleicht an der Zeit, Ihre Motivatoren zu überdenken. Millionen von Menschen auf der ganzen Welt wollen Millionäre sein. In einer idealen Welt, ergreifen vielleicht ein kleiner Prozentsatz von ihnen tatsächlich konsequente Maßnahmen um diesem Ziel näher zu kommen. Das sind diejenigen, die so sehr getrieben werden, dass es sich anfühlt, als wäre es einen Entscheidung über Leben- oder Tod - und dies sind die Menschen, die es schaffen.

Wenn Sie Ausreden erfinden, weil Sie sich zu viele Sorgen machen oder dazu neigen Berge aus Maulwurfshügeln zu machen, ist es Zeit sich hinzusetzen, Ihre Sorgen zu zerlegen und zu erkennen, dass Millionen von Menschen die gleichen Probleme hatten und es trotzdem geschafft haben.

Die Probleme, die Sie sich als so unüberwindbar vorstellen, sind in Wirklichkeit kleine Hindernisse, über die Sie leicht springen können. Solange sich deren negative Konsequenzen nicht langfristig auf Sie auswirken, warum sollten Sie sich dann so große Sorgen wegen diesen machen?

Angenommen, Sie zögern, Ihr Unternehmen zu starten, weil Sie befürchten, dass Sie nicht wissen, wie Sie eine Website gestalten, ein Unternehmen richtig gründen oder ein Händlerkonto verwenden.

Sind diese Ängste legitim? Was ist das Schlimmste, das passieren kann, wenn Sie eine schlechte Website entwerfen, es versäumen die richtigen Dokumente an offizieller Stelle einzureichen oder es nicht schaffen, ein richtiges Händlerkonto zu eröffnen?

Wenn Sie eine schlechte Website entwerfen, können Sie sie immer neu gestalten. Oder anstatt sie selbst zu entwerfen, können Sie herausfinden, wie Sie eine kostenlose Vorlage herunterladen und sie professionell aussehen lassen, obwohl Sie kein Wissen über Website-Design haben. Im schlimmsten Fall riskieren Sie Verlegenheit.

Wenn Sie kein Unternehmen in einer extrem regulierten Branche gründen, ist das Risiko, Papierkram zu vernachlässigen, minimal. Selbst wenn Sie einige offizielle Dokumente nicht einreichen und eine Geldstrafe erhalten, wird das höchstwahrscheinlich nur einmal passieren. Betrachten Sie die Geldstrafe als eine wichtige Lernerfahrung.

Wie ist es mit der Unfähigkeit, ein Händlerkonto zu eröffnen? Es ist nicht notwendig, Zahlungen zu akzeptieren. Sie können mit PayPal, Stripe oder einem anderen ähnlichen Kreditkartenprozessor beginnen. Hier gibt es nichts zu riskieren.

Zerlegen Sie Ihre Sorgen auf die gleiche Weise und erkennen Sie an, dass solange die negativen Konsequenzen einmalig sind und keine nachhaltigen Auswirkungen auf Ihr Leben haben, die Risiken dementsprechend niedrig sind und Ihre Ausreden daher nicht legitim.

5. Anspruchs- und Verbrauchermentalität

Eine der schlimmsten Einstellungen, die Sie daran hindert, unternehmerischen Erfolg zu erreichen, ist die Anspruchsmentalität: zu glauben, dass Ihnen alles zufliegen sollte, nur weil Sie existieren.

Unternehmer mit einer solchen Denkweise beschäftigen sich häufig ausgiebig mit verschiedenen kurzfristigen Geldmachsystemen. Sie starten nie ein richtiges Geschäft, das ihren Kunden tatsächliche Werte bietet, da es ihre einzige Sorge ist, wie man so schnell wie möglich so viel Geld wie möglich verdient.

Bei dieser Art von Möchtegern-Unternehmertum handeln Sie zumindest, aber es sind die falschen Handlungen, lediglich solche, die darauf konzentriert sind, schnelles Geld und flüchtige Einnahmenströme zu erzielen. Sie zögern nicht wie andere Möchtegern-Unternehmer, wenn es darum geht, Maßnahmen zu ergreifen, aber Sie starten nie ein legitimes Geschäft.

Es gibt unzählige "Autoren" in der Selbstpublizierenden-Industrie, die sich nur daran beteiligten, weil sie gehört haben, dass es profitabel sein könnte. Anstatt eine Möglichkeit zu finden, ihren Lesern den bestmöglichen Service zu bieten, produzieren sie minderwertige Bücher in Massenproduktion in den gefragten Genres.

Das Endergebnis lässt sich leicht vorhersagen: Entmutigt durch enttäuschende Verkäufe ihrer Bücher minderer Qualität gehen sie zu einem anderen Geldmachsystem über.

Die Lösung für dieses Problem ist einfach: Wann immer Sie sich dabei erwischen, über ein nicht-tragfähiges Geschäftsmodell nachzudenken, das schnelles Geld einbringt, aber niemandem außer Ihnen selbst nutzt, widerstehen Sie der Versuchung und denken Sie über andere legitime Geschäftsideen nach.

Die Anspruchs Mentalität ist ein Cousin der Verbraucher Mentalität. Menschen bleiben oft Möchtegern-Unternehmer, weil sie ein Unternehmen gründen und nur daran denken, was sie aus dem Geschäft herausholen können (denken wie ein Verbraucher), anstatt was sie der Welt durch dieses bieten können (denken wie ein Hersteller).

Das sind die Leute, die sich in heiße Trends und Branchen hineinkaufen, selbst wenn sie keine Erfahrung mit diesen haben, nicht bereit sind zu lernen und sich nicht dafür interessieren, echten Wert zu liefern.

Um diese Situation zu beheben, beurteilen Sie Ihre einzigartigen Fähigkeiten, Eigenschaften und was Sie sonst noch an den Tisch bringen können ehrlich. Ich war schon immer ein Schriftsteller und als ich zum ersten Mal von der Möglichkeit hörte meine eigenen Bücher zu publizieren, wurde mir klar, dass dies perfekt zu meinen persönlichen Fähigkeiten passen könnte. Was sind Ihre marktfähigen Fähigkeiten und wie können Sie diese kombinieren, um ein Unternehmen zu gründen und der Welt einen Wert zu bieten?

Umsetzbare Implikation

In diesem Kapitel werde ich Ihnen nur eine umsetzbare Implikation hinterlassen. Es ersetzt alles andere und ist die einzige praxistaugliche Lösung, um Möchtegern-Unternehmertum zu überwinden. Es ist:

1. Handeln Sie, Verpflichten Sie sich und Arbeiten Sie an den Dingen, bis es funktioniert

Okay, eigentlich könnten wir es in drei umsetzbare Implikationen einteilen, aber in Wirklichkeit ist es alles ein Prozess.

Maßnahmen zu ergreifen, die so einfach sein können wie Gespräche mit potenziellen Kunden zu führen und ihnen eine frühzeitige Lösung anzubieten, wird Ihnen helfen, Trägheit zu überwinden und anfänglichen Schwung zu gewinnen. Wenn Sie keine Handlungen vornehmen, die anderen einen echten Wert bieten, bleiben Sie für immer im Traumland des Möchtegern-Unternehmers.

Führen Sie heute mindestens eine Handlung aus, deren unmittelbares Resultat jemandem hilft. Sie müssen kein Geld dafür verlangen; Viele Unternehmen beginnen mit Menschen, die einen Dienst für andere leisten oder ein Produkt kostenlos als Lockvogelangebot verschenken.

Es endet jedoch nicht damit, Maßnahmen zu ergreifen. Wenn Sie endlich erste Ergebnisse erhalten, ist es an der Zeit, sich Ihrer Geschäftsidee für mindestens sechs Monate vollständig zu verpflichten und hinzugeben. Ohne sich dem Prozess vollständig zu widmen, jagen Sie nur dem nächsten glänzendem Ding hinterher.

Ich schlage vor, einen Weg zu finden, um sich selbst zur Rechenschaft zu ziehen. Zum Beispiel können Sie Ihrem Freund eine beträchtliche Summe Geld geben und ihm sagen, dass er das Geld ausgeben soll, wenn Sie sich Ihrer Geschäftsidee nicht für einen vereinbarten Zeitraum ernsthaft widmen. Öffentliche Rechenschaftspflicht wie das Erstellen eines Fortschritts-Threads in einem Forum über Unternehmertum oder der Beitritt in einer Vordenker-Gruppe kann ebenfalls helfen.

Der letzte, aber in keinem Fall zu vernachlässigende, Schritt besteht darin, die Dinge so lange zu optimieren, bis sie funktionieren, unabhängig davon, wie viele Misserfolge Sie auf dem Weg dorthin erfahren werden. Diese Phase unterscheidet erfolgreiche Unternehmer von denen, die aufgeben.

Als ich in der Selbstveröffentlicher-Branche anfing, war eine Handlung vorzunehmen – das Schreiben und die Veröffentlichung meines ersten Buches - mein erster Schritt. Sich der Industrie zu verpflichten – mir selbst zu schwören, nichts anderes zu versuchen, bis ich es in dieser Branche geschafft hatte – war der zweite Schritt. Zu guter Letzt habe ich verschiedene Nischen, Schreibstile und Marketingansätze getestet, bis alles so war, wie ich es wollte und ich meinen ersten Bestseller herausbrachte, *Wie man Selbstdisziplin aufbaut*.

Lesen Sie diesen Abschnitt nicht nur und vergessen Sie ihn dann gleich wieder. Probieren Sie Ihre Geschäftsidee noch heute aus und legen Sie los. Alles, was Sie tun müssen, um der tristen Welt der Möchtegern-Unternehmer zu entkommen und sich der aufregenden Welt der Unternehmer anzuschließen, ist zu *handeln*.

DIE HÄUFIGSTEN HERAUSFORDERUNGEN FÜR MENSCHEN, DIE EIN UNTERNEHMEN GRÜNDEN MÖCHTEN: KURZE WIEDERHOLUNG

1. Möchtegern-Unternehmertum oder der Wunsch, ein Unternehmen zu gründen, aber es nie zu tun, ist eine der häufigsten Herausforderungen für neue Unternehmer. Die fünf häufigsten Gründe, warum sie auf das Wünschen zurückgreifen, aber niemals handeln, sind: Angst, Perfektionismus, die Alles-oder-Nichts-Mentalität, das Erfinden von Ausreden, und Anspruchs- und Verbrauchermentalität.

2. Die Angst, ein neues Unternehmen zu gründen oder besser gesagt, die wahrgenommenen negativen Folgen eines Scheiterns, kann Sie so sehr lähmen, dass Sie jahrelang davon träumen, sich selbständig zu machen, aber es niemals tun. Um mit diesem Problem umzugehen, beginnen Sie klein mit einer Geschäftsidee, die nicht viel Kapital, Zeit und Beteiligung erfordert. Dehnen Sie langsam Ihre Komfortzone aus, bis Sie bereit sind, zu einem

Vollzeit-Unternehmertum überzugehen. Es ist nicht notwendig, sofort alles zu investieren.

3. Perfektionismus ist ein weiterer Grund für das Möchtegern-Unternehmertum. Wenn Sie befürchten, dass Ihr Geschäft nicht sofort perfekt sein wird, werden Sie eine Unternehmesgründung immer weiter aufschieben. Um mit diesem Problem umzugehen, gehen Sie davon aus, dass Ihr erstes Produkt versagen *wird* und machen Sie es trotzdem. Irgendwann war jeder erfolgreiche Unternehmer mal ein Neuling.

4. Die Alles-oder-Nichts-Mentalität ist eine Denkweise, in der Sie entweder ein Unternehmen gründen das die Welt verändern wird oder überhaupt keins. Leider, wird ein neuer Unternehmer selten, wenn überhaupt, ein Unternehmen gründen, das von vornherein sehr erfolgreich ist. Es braucht Jahre, um echte Geschäftserfahrung in der realen Welt zu sammeln. Verabschieden Sie sich von Ihren unrealistischen Erwartungen, indem Sie ein kleines Unternehmen gründen. Ihr erstes Projekt wird sowieso nicht Ihr lebenslanger Beruf werden.

5. Möchtegern-Unternehmer erfinden häufig Ausreden. Sie tun dies, weil sie Angst haben, weil ihnen die richtige Motivation fehlt oder weil sie sich zu viele Sorgen machen und dazu neigen Berge aus Maulwurfshügeln zu machen.

Wenn Sie Ausreden erfinden, weil Sie Angst haben, dann schauen Sie noch einmal nach, wie Sie dem Möchtegern-Unternehmertum entgehen können wenn Sie ängstlich sind. Dehnen Sie langsam Ihre Komfortzone aus, um der lähmenden Wirkung Ihrer Ausreden zu entkommen.

Wenn Sie Ausreden erfinden, weil Ihnen die Motivation fehlt, ist es an der Zeit, Ihren Grund zu überdenken warum Sie ein Unternehmen gründen wollen und stärkere intrinsische und prosoziale Motivatoren hinzuzufügen. Wenn Ihr einziger Motivator ein Ferrari ist, ist es sehr unwahrscheinlich, dass Sie alle notwendigen Opfer erbringen und trotz Schwierigkeiten weitermachen werden. (Das heißt, es sei denn, Sie lieben Ferraris mehr als alles andere in Ihrem Leben.)

Wenn Sie Ausreden erfinden, weil Sie sich zu viele Sorgen machen, dann zerlegen Sie Ihre Sorgen und fragen Sie sich, welche negativen Folgen das Wahrwerden Ihrer Ängste haben könnten. Werden sie ein einmaliges Problem verursachen? Wird es Ihr Leben wirklich so stark beeinflussen oder werden Sie sofort weitermachen können? Meistens sind die Probleme, die Sie sich vorstellen, nur kleine Hürden.

6. Sie können Ihr Unternehmen nicht mit einer Verbrauchermentalität angehen, geschweige denn mit der Einstellung, dass sie einen Anspruch auf Erfolg haben. Denken Sie an das Geschäft als eine Möglichkeit, die Ihnen helfen kann, anderen zu dienen und von der Sie deswegen profitieren. Menschen, die sich vor allem auf Geld konzentrieren, anstatt sich zu fragen, wie sie mit ihren persönlichen Fähigkeiten Werte schaffen können, sind diejenigen, die mit ihren Geldmachsystemen versagen und schnell aufgeben.

Kapitel 6: Häufige Herausforderungen der Selbstdisziplin für erfahrene Unternehmer

Erfahrene Unternehmer befassen sich vielleicht nicht länger mit den häufigsten Problemen von neuen Unternehmern, aber das bedeutet nicht, dass ihre Probleme verschwunden sind. Meistens werden die alten Herausforderungen durch neue ersetzt, die so schwierig sein können, wie die Probleme zur Zeit der Unternehmensgründung.

In diesem Kapitel besprechen wir diese Probleme und deren Lösungen. Selbst wenn Sie bereits einige Jahre Geschäftserfahrung haben, haben Sie sich wahrscheinlich schon mit einigen dieser Schwierigkeiten auseinandersetzen müssen, oder tun dies immer noch. Diese können jedoch auch gelöst werden und es ist entscheidend, dass Sie das tun, wenn Sie für den Rest Ihres Lebens ein erfolgreicher Unternehmer bleiben wollen.

Sich auf Ihren Lorbeeren ausruhen

Erfahrene Unternehmer erliegen oft der Versuchung, sich auszuruhen. Es ist verständlich, dass Sie, wenn Sie einige Ihrer Ziele erreicht haben, den ursprünglichen Hunger verlieren, der zu einer starken Arbeitsmoral geführt hat. Aber wenn man sich zu sehr ausruht, führt dies häufig zu einem Schlitterpfad.

Genau wie Ihre Muskeln regelmäßiges Training benötigen, um Kraft und Masse beizubehalten, braucht Ihre Selbstdisziplin ein konsequentes "Training", um Höchstleistungen zu erbringen.

Selbst die erfolgreichsten Unternehmer drängen sich immer weiter vorwärts, weil sie wissen, dass sie ihren Antrieb verlieren, wenn sie sich nicht ständig herausfordern.

In seinem Interview mit NBC News sagte Steve Jobs: "Ich denke, wenn Sie etwas tun und es ziemlich gut wird, dann sollten Sie etwas anderes Wunderbares tun und nicht zu lange darüber nachdenken. Finden Sie einfach heraus, was als nächstes kommt."[43]

Wenn Sie einen großen Erfolg erzielt haben, sollten Sie auf jeden Fall in den Urlaub fahren oder sich entspannen, aber widerstehen Sie der Versuchung zu glauben, dass Sie jetzt bis ans Lebensende abgesichert sind. Erfolg ist keine Selbstverständlichkeit - es ist ein kontinuierlicher Prozess, gute Gewohnheiten beizubehalten und konsequent zu handeln.

Ich kenne eine Person, die von einem erfolgreichen, fast Passivgeschäft über Nacht fast alles verloren hat, nur weil er dachte, er hätte es geschafft und sein Geschäft deshalb zu lange vernachlässigt hat. Er hat seine Lektion gelernt und sich erholt, aber ich bin sicher, dass Sie sich lieber nicht in einer ähnlichen Situation wiederfinden möchten.

Hier sind drei praktische Vorschläge, die Ihnen helfen, sich nicht auf Ihren Lorbeeren auszuruhen und Ihre Entschlossenheit stärken, sich trotz der Erreichung Ihrer langfristigen Ziele, weiter anzutreiben:

1. Fordern Sie sich heraus

Unternehmer leben von Herausforderungen und stetigem Wachstum. Wenn Sie Ihre ursprünglichen Geschäftsziele erreicht haben und aufgehört haben, Ihre Komfortzone zu verlassen, ist es kein Wunder, dass Sie keine Lust haben, sich stärker anzutreiben.

Um sich über neue Möglichkeiten zu freuen und sich selbst herauszufordern, können Sie:

- Erstellen Sie neue Produkte oder Dienste. Experimentieren Sie mit verschiedenen Arten von Produkten und Dienstleistungen. Für mich als Autor kann das Schreiben eines Buches nach dem anderen langweilig werden. Um dem Mangel an Reizen entgegenzuwirken, begann ich Videokurse und Audiokurse zu erstellen.

- Betreten Sie einen neuen Markt. Verkaufen Sie Ihre Produkte in einem anderen Land oder an eine andere Kundengruppe. Ich übersetze meine Bücher in fremde Sprachen.

- Erweitern Sie Ihr Geschäft in eine andere, verwandte Branche - idealerweise eine, die mit Ihrer primären Branche konvergiert. Zum Beispiel, wenn

Sie Beratungsdienste an Startups verkaufen, ist es wahrscheinlich, dass sie auch dedizierte Software von Ihnen kaufen werden.

Wenn Sie sich wieder in die Position eines Neulings versetzen, werden Sie eine neue Herausforderung spüren, die Sie motiviert, Ihr Geschäft weiter auszubauen.

Setzen Sie sich hin, nehmen Sie sich einen Notizblock oder erstellen Sie ein neues Dokument auf Ihrem Computer und machen Sie eine Liste mit möglichen neuen Produkten, Dienstleistungen, Märkten, Branchen oder anderen Verbesserungen, die Sie für Ihr Unternehmen ergreifen können, um sich für neue Möglichkeiten zu begeistern.

2. Belohnen Sie sich selbst

Viele Unternehmer ruhen sich auf ihren Lorbeeren aus, weil sie ihre ursprünglichen finanziellen Ziele erreicht haben. Das Hinzufügen von mehr Zahlen zu ihren Bankkonten ist keine ausreichende Motivation mehr, sodass sie nachlassen.

Offensichtlich wäre der erste Schritt, intrinsische und prosoziale Motivatoren zu entwickeln, aber Sie können mit etwas einfacherem anfangen - nämlich sich selbst belohnen, um die virtuelle Bedeutung von Geld auf Ihrem Bankkonto in etwas Reales umzusetzen.

Geld für Dinge auszugeben, die Ihr Glück für einen langen Zeitraum signifikant verbessern können, könnte ausreichend sein, um sich daran zu erinnern, dass Sie aus einem bestimmten Grund hart an Ihrem Geschäft gearbeitet haben und dieser Grund ist nicht die Zahl auf ihrem Bankkonto, sondern eine echte Verbesserung Ihrer Lebensqualität.

Ich bin von Natur aus sparsam. Diese Tendenz wirkt sich manchmal negativ auf meine Motivation aus, weil ich nur widerwillig, Geld für Dinge ausgebe, die den Funken in mir neu entfachen, wie zum Beispiel Reisen.

Für eine gewisse Zeit fehlte mir die Motivation zu arbeiten. Ein paar Tage bevor ich diesen Absatz schrieb, überzeugte ich mich, nicht so ein Geizhals zu sein und kaufte Tickets für eine zweiwöchige Auslandsreise.

Wie von Zauberhand kehrte meine Motivation über Nacht zurück - nicht, weil das Geld, das ich für die Reise ausgegeben hatte, meine Ersparnisse stark beeinträchtigte und ich das Bedürfnis verspürte, sie wieder aufzufüllen, sondern weil es das virtuelle Gefühl von Geld auf meinem Bankkonto in eine Erfahrung verwandelte, die in der realen Welt passierte.

Wenn Sie sich noch nicht für Ihren Erfolg mit etwas mehr als nur Zahlen auf Ihrem Bankkonto belohnt haben, ziehen Sie in Betracht, dies zu tun.

Ich schlage vor, dass Sie Ihr Geld für Erfahrungen wie Reisen oder Zeit mit Freunden und Familie, ausgeben. Zahlreiche Studien[44, 45, 46, 47] zeigen, dass erfahrungsbedingte Einkäufe das Glück mehr und länger verbessern, als materielle Einkäufe.

Ein neues Auto wird in ein paar Monaten langweilig. Ein Ausflug nach Hawaii mit Ihrem Partner wird Ihnen in Form von Erinnerungen für immer bleiben. Wenn Sie ausgeruht und entspannt zurückkommen, ist es sehr wahrscheinlich, dass Sie aufhören *wollen*, selbstzufrieden zu sein und sich selbst wieder herausfordern wollen.

3. Starten Sie ein neues Geschäft

Wenn Ihr Unternehmen Ihre persönliche Beteiligung nicht mehr benötigt, sollten Sie die Gründung eines neuen Unternehmens in Erwägung ziehen . Jetzt, wo Sie einen stetigen Strom an Einkommen und viel Geschäftserfahrung haben, ist das Führen mehrerer Geschäfte kein so schlechter Vorschlag mehr wie gegenüber einem neuen Unternehmer.

Die Herausforderung und Begeisterung, etwas von Grund auf aufzubauen, hat das Potenzial, Ihre unternehmerische Energie und Arbeitsethik wieder aufleben zu lassen.

Je verschiedener das neue Geschäft von Ihrem ursprünglichen Geschäft ist, desto stimulierender wird die Erfahrung sein. Sie werden die Langeweile los und sind wieder aufgeregt. Wie der erfolgreiche Unternehmer Neil Patel in seinem Artikel für Entrepreneur.com mit dem Titel "Warum Sie nie nur ein Geschäft gründen sollten" schrieb, werden Sie nie wieder einen langweiligen Tag in Ihrem Leben erleben, wenn Sie kontinuierlich neue Unternehmen gründen.

Er wies auch darauf hin, dass die Gründung mehrerer Unternehmen Sie aufmerksam und energiegeladen bleiben läßt. In seinen Worten: "Jedes Mal, wenn Sie eine neue Firma gründen, lernen Sie etwas Neues. In meiner unternehmerischen Tätigkeit habe ich Unternehmen in Branchen gegründet, von denen ich vorher nichts wusste. Lernen ist der halbe Spaß bezüglich jeder Handlung und es hält Ihren Verstand scharf und Ihre Fähigkeiten frisch."[48]

Ihren Verstand scharf zu halten ist das Gegenteil von gefährlicher Selbstgefälligkeit, die Ihren Willen zum Wachsen verschwinden lässt.

Zu guter Letzt argumentierte Neil: "Eines der schlimmsten Dinge, die Sie mit Ihrer Erfahrung machen können, ist, sie wegzuwerfen. Erfahrung soll verwendet, geteilt und als Basis für Handlung genutzt - nicht erstickt werden."

Und deshalb ist es nicht gut, sich auf Ihren Lorbeeren auszuruhen. Entspannen Sie sich von Zeit zu Zeit und genießen Sie die Früchte Ihrer Arbeit. Aber berauben Sie die Welt - und sich selbst - nicht von dem Geschenk Ihrer Erfahrung. Bleiben Sie in Höchstform und wachsen Sie weiter.

Burnout

Unternehmer, die sich in einer Sackgasse befinden, verlieren oft die Bereitschaft, weiter an ihrem Unternehmen zu arbeiten. Und wie wir bereits gelernt haben, tötet ein Mangel an Begeisterung Motivation.

Meine persönliche Erfahrung besagt, dass man sich nicht durch einen Burnout zwingen kann. Er wird nicht über Nacht verschwinden. Meistens braute er bereits für lange Zeit in Ihrem Inneren. Das bedeutet jedoch nicht, dass Sie nichts dagegen machen sollten und erwarten sollten, dass er ohne Ihr Zutun wieder verschwindet.

Die erste, entscheidende Maßnahme gegen Burnout ist eine Pause. Denken Sie nicht, dass Sie den Burnout mit mehr Arbeit überwinden können. Es ist, als würde man versuchen, eine Verletzung zu heilen, indem man dieselbe Aktivität ausführt, die diese verursacht hat. Genau wie im Sport ist es Zeit, eine Pause zu machen und Ihren Körper (und Geist) heilen zu lassen, um die Verletzung nicht weiter zu verschlimmern.

Nehmen Sie sich mindestens eine ganze Woche frei. Entfliehen Sie so weit von Ihrer täglichen Routine, wie es Ihre Verpflichtungen zulassen. Ich reise gerne, aber es kann alles sein, was Ihre Routine durchbricht und Abstand zwischen Ihnen und Ihrem Geschäft schafft.

Während der Pause sollten Sie sich um sich selbst kümmern. Essen Sie gesund, schlafen Sie so viel wie für Sie notwendig, ziehen Sie den Stecker raus, beschäftigen Sie sich mit angenehmen Aktivitäten. Es geht darum, sich selbst neu einzustellen, also sollte während dieser Zeit keine wirkliche Arbeit geleistet werden. Wenn Sie Ihr Geschäft nicht sich selbst überlassen können, finden Sie zumindest einen Weg, so wenig wie möglich zu arbeiten. Dies ist nicht die Zeit, um über die Gesundheit Ihres Unternehmens nachzudenken - Ihr Wohlbefinden sollte die Priorität sein.

Wenn Sie schon für einen längeren Zeitraum unter einem Burnout leiden, erwarten Sie nicht, dass eine Woche Pause Sie wieder in Topform bringen wird. Es könnte einen, zwei oder sogar drei Monate dauern. Sie können Jahre der schlechten Ernährung nicht mit einer Woche Diät rückgängig machen und Sie können keinen langfristigen Burnout mit einer siebentägigen Pause beheben.

Wenn Sie von Ihrem Urlaub zurückkommen, haben Sie vielleicht immer noch nicht das Gefühl, arbeiten zu wollen, aber zumindest werden Ihr Geist und Ihr Körper wieder ausgeruht sein. Es ist Zeit, Ihre Entschlossenheit sanft auszudehnen, indem Sie *irgendetwas* tun.

Der erfolgreiche Unternehmer, Programmierer und Schriftsteller Derek Sivers schlägt in seinem Artikel "Wenn Sie extrem unmotiviert sind" vor, Dinge zu tun, die Sie schon jahrelang aufgeschoben haben, die aber getan werden müssen. Als Ergebnis werden Sie vom Nichtstun in Etwastun übergehen und das wird Sie irgendwann dazu bringen, wieder etwas wichtigeres zu tun.[49]

Dieser kleine Trick ist eine gute Möglichkeit, um von der Erholungsphase langsam wieder in Ihre vorherige Routine einzusteigen. Alternativ beginnen Sie mit einfachen, Aufgaben, die schnell erledigt werden können und dehnen Sie Ihre Komfortzone langsam aus, bis Sie wieder in Gang kommen.

Wenn Sie an einem Burnout leiden, der an Depressionen grenzt, sprechen Sie bitte mit einem Fachmann. Tiefere psychische Probleme erfordern eine Therapie, kein Selbsthilfebuch.

"Ja"- Sagen bezüglich zu vieler Dinge

Das "Ja"- Sagen bezüglich zu vieler Dinge, ist eine weitere Herausforderung für erfahrene Unternehmer. Wie wir bereits besprochen haben, kann die Einführung eines neuen Produkts oder die Gründung eines neuen Unternehmens helfen, wenn Sie einen Tritt in den Hintern und neue Herausforderung oder neuen Ansporn benötigen. Wie immer ist jedoch Moderation der Schlüssel. Sie sollten nicht mehr abbeißen, als Sie kauen können.

Sobald Ihr Unternehmen reibungsloser läuft, werden Sie oft die Versuchung verspüren, neue

Projekte zu starten, die Sie schon immer tun wollten. Das kann eine gute Sache sein, bis Sie Ihren gesamten Arbeitstag mit Arbeit füllen und das Gleichgewicht verlieren.

Das Ziel, an dem Sie so hart gearbeitet haben - ein erfolgreiches Geschäft aufzubauen, das Ihnen die Freiheit gibt, das zu tun, was Sie wollen - führt Sie zu noch mehr Arbeit, mehr Verantwortung und noch weniger Zeit für sich selbst.

Ich entschloss mich, meine Erfahrung als selbstveröffentlichender Autor zu nutzen und startete als Nebenprojekt eine Dienstleistung, die anderen Autoren hilft, ehrliche Bewertungen für ihre Bücher zu erhalten.

Leider verbrachte ich im Laufe der Zeit immer mehr Zeit und Energie mit meinen Nebengeschäften zum Nachteil meines eigenen Schreibens.

Als ich merkte, dass ich mir zuviel zugemutet hatte, verkaufte ich mein Dienstleistungsgeschäft. Ich gewann wieder Klarheit und brachte meinen Eigenverlag auf die nächste Ebene.

"Ja" zu einem neuen Projekt zu sagen war einfach. Es aus meinem Leben zu entfernen dauerte mehrere Wochen. Diese Erfahrung hat mir beigebracht, dass Nebenprojekte Ihr Hauptgeschäft schnell verschlingen können - und wenn Sie es nicht schnell genug merken, zerstört es vielleicht sogar Ihr Hauptgeschäft.

Prävention ist einfacher als Heilung. Denken Sie lange und gründlich darüber nach, bevor Sie neue Aufgaben und Verpflichtungen übernehmen, die später nur schwierig aus Ihrem Leben zu beseitigen sind. Ich schlage vor, diese drei einfachen Regeln zu befolgen:

1. Nur eine anspruchsvolle, aktive Rolle zur gleichen Zeit

Diese Regel allein wird Ihnen bereits viele Probleme ersparen. Wenn Sie darüber nachdenken, ein sekundäres Projekt zu starten, tun Sie dies nur, wenn Ihr Hauptgeschäft ohne Ihre direkte Beteiligung wachsen kann. Wenn sich Ihre Abwesenheit negativ auswirkt, übernehmen Sie keine weiteren Verpflichtungen.

Wenn Sie über Systeme und/oder Mitarbeiter verfügen, die den täglichen Geschäftsbetrieb verwalten und das Geschäft ohne Ihre aktive Beteiligung weiterbringen können, haben Sie die Freiheit einem neuen Projekt zu arbeiten. Andernfalls finden Sie eine Möglichkeit, um sich aus dem täglichen Geschäftsbetrieb zu entfernen, bevor Sie über neue Verantwortlichkeiten nachdenken.

2. Seien Sie ein Investor, kein Unternehmer

Einer der größten Fehler, die ich mit meinem Dienstleistungsgeschäft gemacht habe, war, dass ich die primäre Rolle darin übernommen habe, anstatt mich lediglich als Investor anzunähern. Wenn ich eine Person beschäftigt hätte, deren Aufgabe es gewesen wäre, das Unternehmen unter meiner Leitung aufzubauen, hätte ich mich nicht so sehr in das Geschäft verstrickt wie ich es getan habe.

Wenn Sie darüber nachdenken, ein neues Projekt zu starten, betrachten Sie es als Investor. Kann es funktionieren, wenn Sie die Person sind, die die Geschäftsführung beaufsichtigt, anstatt derjenige zu sein, der die Arbeit erledigt? Können Sie Verfahren entwickeln, die den Umfang Ihres persönlichen, aktiven Engagements minimieren?

Wenn das nicht funktioniert, besteht die Chance, dass das Geschäft bald Ihren ganzen Tag dominiert. Wenn Sie dazu bereit sind, tun Sie es auf jeden Fall. Wenn Sie es als ein Nebenprojekt ausführen möchten, überdenken Sie die Idee jedoch.

Es bedeutet nicht, dass Sie kein neues Geschäft starten sollten, wenn es nicht vom ersten Tag an auf Autopilot laufen kann. Ein wachsendes Unternehmen erfordert immer zumindest eine gewisse persönliche Beteiligung, aber es gibt einen Unterschied zwischen der Übernahme der Rolle eines Eigentümers, der lediglich eine Richtung vorgibt und als Orientierungshilfe fungiert und einem aktiv involvierten Geschäftsführer, der alles verwaltet.

3. Denken Sie langfristig

Zu guter Letzt sollten Sie sich keinen neuen Projekten widmen, ohne eine Ausstiegsstrategie zu haben - egal, ob Sie das Geschäft letztendlich verkaufen, automatisieren oder an einen Manager übergeben möchten. Wenn Sie nicht langfristig planen, besteht die Gefahr, dass Sie sich zuviel vornehmen, ohne dass Sie diese Last schnell wieder loswerden können.

Ich hatte das Glück, dass ich mein Dienstleistungsgeschäft von Anfang an so eingerichtet hatte, dass es verkaufbar war. Hätte ich dies nicht getan, hätte ich es schwerer gehabt, es aus meinem Leben zu eliminieren oder ich hätte die Verluste übernehmen und den Laden schließen müssen, anstatt es verkaufen zu können, und damit hätte ich meine gesamte Investition verloren.

Seien Sie besonders vorsichtig, wenn es um langfristige Verpflichtungen wie lange Verträge, große Einkäufe für das Geschäft oder die Einstellung von Vollzeitmitarbeitern geht. Solche Belastungen können Sie gefangen nehmen und Ihr Leben in einen Albtraum verwandeln, wenn Sie entscheiden, dass Sie aussteigen wollen.

Drei wichtige umsetzbare Implikationen

Hier sind drei praktische Implikationen für den Umgang mit häufigen Herausforderungen mit denen erfahrene Unternehmer konfrontiert sind:

1. Entzünden Sie Ihre Begeisterung

Das Erreichen Ihrer Ziele und die resultierende Langeweile kann leich dazu führen, dass Sie sich auf Ihren Lorbeeren ausruhen. Wenn Sie sich zu lange ausruhen, werden Sie genau die Gewohnheiten verlieren, die Sie so erfolgreich gemacht haben. Wenn Sie sich bereits zu lange auf Ihren Lorbeeren ausgeruht haben, ist es an der Zeit, sich auf eine neue Herausforderung einzulassen und das Geschäft für Sie wieder spannend zu machen.

Denken Sie an ein neues Produkt oder an einen neuen Dienst. Erwägen Sie, in andere Märkte oder Branchen zu expandieren. Schließlich, wenn Ihr Unternehmen nicht mehr Ihre aktive persönliche Beteiligung erfordert, erwägen Sie, ein neues Unternehmen zu gründen.

Wenn Sie sich auf Ihren Lorbeeren ausruhen, weil Ihnen die Motivation fehlt, weiterzumachen, nachdem Sie alle Ihre langfristigen finanziellen Ziele erreicht haben, belohnen Sie sich mit einer netten Erfahrung, die die Zahlen auf Ihrem Bankkonto in etwas wirkliches und inspirierendes verwandelt.

Selbst eine kurze Reise kann ausreichend motivierend sein, um wieder mehr Lust zum arbeiten zu haben, sodass Sie in der Zukunft noch mehr solcher Reisen unternehmen können.

2. Machen Sie eine Pause

Um einen Burnout zu behandeln, wird eine lange Pause nicht nur empfohlen – sie ist ein Muss.

Wenn Sie sich übergeben wollen, sobald Sie an die Arbeit denken, ist es an der Zeit eine Pause einzulegen, in den Urlaub zu fahren und sich so weit wie möglich von den geschäftlichen Pflichten zu entfernen.

Fühlen Sie sich nicht schuldig, dass Sie nicht arbeiten oder dass Sie Ihre Arbeitsmoral verloren haben. Zu diesem Zeitpunkt ist es wichtig, die mentale Gesundheit wiederzuerlangen und sich nicht um Selbstdisziplin zu kümmern.

Wenn Sie es sich leisten können und Ihre Verpflichtungen Ihre Möglichkeiten nicht einschränken, buchen Sie bereits jetzt eine Reise für mindestens eine Woche. Ein ideales Reiseziel ist ein fremdes Land, das Ihnen neue Impulse vermittelt und

Sie von der Arbeit ablenken wird. Wenn Sie Ihre Sachen nicht einfach packen und verreisen können, konzentrieren Sie sich auf die tägliche Selbstversorgung. Schlafen Sie genug, bringen Sie Ihre Ernährung in Ordnung, trainieren Sie, engagieren Sie sich für Ihre Hobbys und verbringen Sie Zeit mit Menschen, die Sie lieben.

3. Bringen Sie Ordnung in Ihr Geschäftsleben

Evaluieren Sie Ihre geschäftlichen Verantwortungen. Fragen Sie sich, welche Sie langfristig beibehalten können und welche viel Arbeit erfordern, aber nur wenige Vorteile erbringen.

Finden Sie dann Wege, um unnötige Verantwortungen zu eliminieren und machen Sie die wichtigen Verpflichtungen zu Ihren Prioritäten.

HÄUFIGE HERAUSFORDERUNGEN DER SELBSTDISZIPLIN FÜR ERFAHRENE UNTERNEHMER: KURZE WIEDERHOLUNG

1. Erfahrene Unternehmer können die Versuchung verspüren, sich auf ihren Lorbeeren auszuruhen und denken, dass sie sich nicht länger bemühen müssen um Ihr Geschäft weiter zu verbessern. Während es gut ist, Erfolge zu feiern, kann es für Ihre langfristigen Ergebnisse schädlich sein, wenn Sie Ihr Geschäft für selbstverständlich annehmen und in schlechte Gewohnheiten verfallen.

2. Die drei wichtigsten Möglichkeiten, der Trägheit entgegenzuwirken sind: neue Herausforderungen zu schaffen, durch die Entwicklung neuer Produkte und Dienstleistungen oder den Eintritt in neue Märkte und Branchen, sich selbst zu belohnen (wenn Sie aus Mangel an Motivation träge geworden sind) und ein neues Geschäft gründen (wenn Sie eine neue Herausforderung benötigen).

Wenn Sie zu selbstzufrieden sind, sollten Sie sich daran erinnern, dass die Einstellung Dinge als selbstverändlich anzusehen niemals zu einem guten Ende führt, insbesondere im Geschäftsleben.

3. Burnout ist eine weitere häufige Herausforderung für erfahrene Unternehmer. Wenn Sie sich in einer Sackgasse befinden, nehmen Sie sich eine lange Pause. Verbringen Sie die Pause mit Reisen, sich selbst zu pflegen, indem Sie gesunde Gewohnheiten pflegen und sich in Hobbys und Aktivitäten engagieren, bei denen Sie sich wohl fühlen. Fühlen Sie sich nicht schuldig, weil Sie nicht arbeiten und laden Sie Ihre Batterien wieder auf.

Wenn Sie sich ausgeruht fühlen, nehmen Sie die Arbeit langsam wieder auf, indem Sie kleine Aufgaben ausführen die Sie aus der Untätigkeit herausbringen, sodass Sie zumindest *etwas* tun, auch wenn es nichts dringendes oder wichtiges ist.

4. Das "Ja" - Sagen bezüglich zu vieler Dinge, kann wegen all der Verantwortung, die man übernimmt, zu Überforderung und Erschöpfung führen.

Das Wichtigste, an das Sie sich erinnern sollten wenn Sie gefahrlaufen sich selbst zuviel vorzunehmen, ist, dass es einfach ist "Ja" zu sagen, aber schwierig, "Nicht noch mehr", sobald Sie die neue Verpflichtung übernommen haben. Aus diesem Grund ist es äußerst wichtig, extrem vorsichtig zu sein, und sich die Übernahme neuer Projekte bewusst zu überlegen.

Um einhundert-Stunden-Arbeitswochen zu vermeiden, folgen Sie drei einfachen Regeln:

1. Übernehmen Sie niemals mehr als nur eine aktive, anspruchsvolle Rolle im Unternehmen. Wenn Sie Geschäftsführer eines Unternehmens sind, gründen Sie kein anderes Unternehmen, bis Ihr Hauptgeschäft ohne Sie wachsen kann.

2. Denken Sie wie ein Investor, statt wie ein Unternehmer. Wenn Sie ein Geschäft haben und ein anderes als Nebenprojekt beginnen wollen, strukturieren Sie es von Anfang an wie eine richtige Firma, anstatt wie eine Ein-Mann-Organisation. Ziel ist es, *am* Unternehmen zu arbeiten, anstatt *im* Unternehmen zu arbeiten.

3. Entwickeln Sie eine Ausstiegsstrategie. Fangen Sie kein neues Projekt an, nur weil es Spaß macht.

Denken Sie über mögliche zukünftige Möglichkeiten nach, das Geschäft zu verlassen, für den Fall, dass Sie Ihre Energie nicht mehr dafür verwenden wollen oder wenn es Sie von anderen Prioritäten zu sehr ablenkt.

Kapitel 7: Häufig gestellte Fragen bezüglich Selbstdisziplin

Die Fragen, die ich in diesem Kapitel beantworten werde, kommen von meinen Lesern, die mir ihre Herausforderungen und die häufigsten Probleme mitgeteilt haben. Aus dem einen oder anderen Grund konnte ich diese in vorherigen Kapiteln nicht beantworten, daher entschied ich mich, sie alle im letzten Kapitel dieses Buches zu behandeln.

Bitte beachten Sie, dass ich nicht jede mögliche Herausforderung behandeln kann, aber die Lösung eines Problems kann häufig helfen, eine andere Schwierigkeit zu bewältigen. Darüber hinaus sind viele Fragen und nachfolgende Vorschläge abstrakt der weit genug, um viele verwandte Themen zu behandeln.

Aufgrund der Anzahl der Themen, die wir in diesem langen Kapitel behandeln werden, werden Sie umsetzbare Implikationen direkt nach jeder Frage finden, anstatt am Ende des Kapitels. Folglich werden in der letzten kurzen Zusammenfassung am Ende des Kapitels nur die wichtigsten Punkte behandelt.

Lassen Sie uns direkt anfangen.

F: Wie pflege ich Selbstdisziplin, wenn ich monotone oder unkreative Aufgaben wie z. B. die Buchhaltung erledige?

Delegation ist die Antwort.

Selbst die beste Ein-Mann-Organisation kann davon profitieren, Aufgaben an andere Personen zu delegieren.

Es macht wenig Sinn, Ihre Willenskraft anzuzapfen, um sich zu zwingen, an Aufgaben zu arbeiten, die Sie nicht gerne machen bzw. die andere besser und schneller erledigen könnten, wie Buchhaltung, Grafikdesign oder Programmierung. Dinge zu tun, die Sie hassen, werden Ihnen Energie entziehen, die Sie für die Schlüsselaufgaben benutzen könnten. Sobald Sie es sich leisten können, delegieren Sie jede einzelne Geschäftsaufgabe, die nicht Ihre Stärke ist, an jemand anderen.

Wenn Sie es sich nicht leisten können, bestimmte Aufgaben zu delegieren, machen Sie diese alle an einem Tag, an dem wenig passiert, wie an einem Wochenende. Auf diese Weise werden diese Dinge Ihre Gedanken während der Arbeitswoche nicht beschäftigen, wenn Sie sich auf die Prioritäten konzentrieren sollten.

Zu guter Letzt, wenn Sie es sich nicht leisten können, Aufgaben zu delegieren, die Sie langweilig oder nervig finden, sollten Sie versuchen, wenigstens etwas Freude daran zu finden oder sich daran zu erinnern, warum sie nützlich sind.

Für eines meiner Unternehmen musste ich beispielsweise eine lange Liste potenzieller Kunden erstellen. Es erforderte unzählige Stunden der Datensammlung. Ich hätte meckern können, wie sehr ich es hasse – und für eine Zeit lang habe ich das sogar getan. Dann erinnerte ich mich daran, dass die Tabelle, die ich erstellen musste, wichtig ist. Ich sammle vielleicht nicht gerne Daten, aber das Endergebnis - eine Liste potenzieller Kunden - bringt mir Geld ein.

Meine Einstellung änderte nichts an der Tatsache, dass ich diese Aufgabe erledigen musste, aber zumindest fühlte ich mich etwas besser während der Erledigung. Es ist Ihre Entscheidung, welches Gefühl Ihnen Ihre Arbeit vermittelt.

Umsetzbare Implikationen

Finden Sie heraus, welche Aufgabe Ihre Zeit oder Energie am meisten beansprucht und delegieren Sie diese an jemand anderen. Wenn Sie die Buchhaltung noch nicht an einen Fachmann delegiert haben, kümmern Sie sich zuerst darum. Selbst wenn Sie ein professioneller Buchhalter sind, ist Ihre Aufgabe als Unternehmer, Ihr Geschäft zu verbessern und zu erweitern und nicht, sich um Papierkram zu kümmern.

Wenn Sie diese Aufgaben bereits delegiert haben, sollten Sie einfache aber zeitraubende Verwaltungsaufgaben wie Dateneingabe oder andere Dinge, die Sie nie wirklich gut konnten, wie z. B. Grafikdesign oder Programmierung, delegieren.

Wenn Sie es sich nicht leisten können, zu delegieren, wählen Sie einen Tag pro Woche aus, an dem Sie sich um alle Jobs kümmern, die getan werden müssen und die Sie hassen.

Schließlich, wenn Sie bestimmte Aufgaben nicht delegieren können, versuchen Sie, Ihre Einstellung in Bezug auf diese zu ändern. Sie haben die Kontrolle darüber, welches Gefühl Ihnen die jeweilge Aufgabe bereitet, also finden Sie eine Möglichkeit, diesen eine Bedeutung zu geben oder eine Möglichkeit, wie Sie mehr Spaß an der Erledigung dieser Aufgaben finden können.

Q: Wie bleibe ich motiviert, wenn ich mich entmutigt fühle?

Alle Unternehmer müssen ständig neue Dinge lernen und Herausforderungen überwinden, um Erfolg zu erreichen. Gewöhnen Sie sich daran; Ein Unternehmer muss trotz Schwierigkeiten gedeihen können.

Um Entschlossenheit zu bewahren, wenn es hart auf hart kommt und Sie sich entmutigt fühlen, ist Prävention - das Festlegen der richtigen Erwartungen - der Schlüssel. Seien Sie vorsichtig mit dem falschen Hoffnungssyndrom. Das ist der Kreislauf des

Scheiterns und der erneuten Bemühung, in dem Menschen unrealistische Erwartungen an die Selbstveränderung haben.[50]

Dieses Problem tritt besonders häufig bei Unternehmern auf, die wenig oder gar keine Geschäftserfahrung haben und Ziele setzen, die fast unmöglich zu erreichen sind.

Verstehen Sie mich nicht falsch. Es ist gut, nach den Sternen zu greifen. Es gibt jedoch eine feine Linie zwischen optimistischem und unrealistischem Denken und es könnte schwierig sein, den Unterschied zu erkennen, wenn Sie nicht viel Geschäftserfahrung haben.

Im Allgemeinen ist es gut, Frieden mit den folgenden Fakten zu schließen:

1. Es ist sehr unwahrscheinlich, dass Ihr erstes Geschäft super erfolgreich werden wird.

Funders and Founders, eine auf Infografiken spezialisierte Designfirma, hat zahlreiche Infografiken erstellt, in denen sie die Wege der erfolgreichsten Unternehmer aufzeigt.[51] Eine Sache, die Sie von diesen Infografiken lernen können, ist, dass jeder Unternehmer mindestens ein paar Versuche brauchte, bevor er großen Erfolg hatte.

Zum Beispiel haben der britische Milliardär Richard Branson und der amerikanische Milliardär Mark Cuban vier Unternehmen gegründet, bevor sie ihre erste Million verdienten.

Wenn Sie anerkennen, dass Ihr erstes Geschäft wahrscheinlich nicht sehr erfolgreich sein wird, werden Sie sich eine Enttäuschung ersparen, die unter Umständen Ihre Entschlossenheit ruinieren könnte.

Bitte beachten Sie, dass Sie auch nicht erwarten sollten, dass Ihr Geschäft Sie bankrott macht. So große Misserfolge passieren selten. Es ist wahrscheinlicher, dass Sie entweder etwas Geld verlieren oder lediglich Ihre Kosten decken. Lassen Sie sich jedoch nicht durch einen Mangel an Erfolg davon abhalten, eine Firma zu gründen. Ein bisschen zu verlieren und ein bisschen zu gewinnen ist Teil des Prozesses, um Erfahrungen zu sammeln.

2. Es ist selten, dass eine junge Person mit wenig bis keiner Arbeitserfahrung, ein Geschäft gründet, das seinen gesamten Lebensunterhalt innerhalb von

wenigen Monaten deckt. Es dauert Jahre, um die richtige Arbeitsethik und Denkweise zu entwickeln und um genug Wissen zu erwerben, um ein erfolgreiches Unternehmen zu gründen.

Wenn Sie jung und unerfahren sind, finden Sie sich damit ab, dass Ihre Reise wahrscheinlich einige Jahre dauern wird, bevor Sie sich als Vollzeit-Unternehmer bezeichnen können und das Einkommen haben, um es zu beweisen.

Ich brauchte etwa sieben Jahre, um als Unternehmer zu reifen (und ja, ich dachte auch, dass es viel schneller passieren würde). Meine Geschichte ist nicht selten; Die meisten Unternehmer, die ich kenne, haben einen ähnlichen Prozess durchlaufen.

Menschen, die marktfähige Fähigkeiten und Arbeitsmoral bereits in einem Tagesjob entwickelt haben, haben es oft leichter. Für jemand anderen zu arbeiten ist vielleicht nicht das, was Sie wollen, aber es ist eine solide Basis für den Übergang ins Unternehmertum.

Laut dem *Freelancing in America 2015*-Bericht verdienen 60% der Freiberufler, die ihren

Angestelltenberuf aufgegeben haben, jetzt mehr und von diesen gaben 78% an, dass sie innerhalb eines Jahres oder weniger, bereits mehr Geld freiberuflich verdienten als in Ihrem vorherigen Job.[52]

Nun sind diese Zahlen möglicherweise keine 100% repräsentative Stichprobe. Es zeigt jedoch trotzdem, dass es nicht selten ist, dass Menschen, die bereits über gewisse Fähigkeiten verfügen, auch innerhalb eines Jahres ein erfolgreiches Unternehmen aufbauen können.

3. Ein Unternehmen aufzubauen soll schwirig sein. Wenn nicht, wären mehr Menschen erfolgreiche Unternehmer. Schwierigkeiten sind wie ein Übergangsritual und manche Menschen werden Unternehmer, während andere aufgeben und Angestellte bleiben.

Wenn Sie Ihre Reise mit der Annahme beginnen, dass es ein Leichtes sein wird, werden Sie eine böse Überraschung erleben. Ich empfehle dringend, zumindest einige Biografien von erfolgreichen Unternehmern zu lesen, um zu verstehen, dass frühe

Geschäftserfahrung unmittelbar mit konstanten Herausforderungen und Misserfolgen verbunden ist.

Nachdem Sie die richtigen Erwartungen entwickelt und die Realität anerkannt haben, ist eine weitere Möglichkeit motiviert zu bleiben wenn Schwierigkeiten auftreten, Freude am Prozess zu entwickeln.

Wenn Sie Ihre Einstellung von "Ich werde glücklich sein, wenn ich eine bestimmte Summe an Geld mit meinem Geschäft verdiene" auf "Ich bin dankbar, auf dieser Reise zu sein und Ergebnisse werden bald folgen" ändern, wird es einfacher sein, mit den schlechten Momenten umzugehen. Halten Sie sich Ihr Ziel vor Augen, aber vergessen Sie nicht, Ihre aktuellen Leistungen zu schätzen, egal wie bescheiden diese sind.

Und wenn Sie sich in einer schwierigen Situation befinden und Ihre Motivation knapp wird, sollten Sie sich daran erinnern, dass Sie, sobald Sie Ihre Probleme überwunden haben, eine großartige Kriegsgeschichte erzählen können.

Eines meiner Unternehmen hat mich verschuldet. Es war schwierig positiv zu bleiben, als ich mir ständig Sorgen machte, wie ich mein Geschäft am Leben erhalten kann *und* meine Schulden loswerde. Was mir geholfen hat, motiviert zu bleiben, war, mich daran zu erinnern, dass ich irgendwann mit diesen Problemen fertig werden würde und das mich diese Erfahrung zu einer stärkeren Person machen würde. Ich könnte dann auch eine großartige inspirierende Geschichte mit anderen Unternehmern teilen. Es klingt banal, aber solche Gedanken können einen himmelweiten Unterschied machen, wenn Sie sich geschlagen fühlen.

Umsetzbare Implikationen

Das Setzen der richtigen Erwartungen ist der Schlüssel, um große Enttäuschungen zu vermeiden.

Lesen Sie einige reale Geschichten von erfolgreichen Unternehmern, um den langen Prozess zu verstehen, der benötigt wird, um wirklich erfolgreich zu werden. Um zu erfahren, wie lange es dauert, bis ein durchschnittlicher Mensch Erfolg hat, sollten Sie auch die Geschichten von durchschnittlichen Leuten lesen. Blogs und Foren für Unternehmer sind voll mit solchen Geschichten.

Wenn Sie sich bereits besiegt fühlen, ändern Sie Ihre Einstellung. Konzentrieren Sie sich darauf, was richtig ist (auch wenn es nur eine winzige Sache ist) und erinnern Sie sich daran, dass es sich nur um eine Phase handelt und nicht um eine dauerhafte Situation.

F: Wie erhalte ich mir meine Selbstdisziplin, wenn jeder nein sagt?

Jeder, der jemals im Vertrieb gearbeitet hat, weiß, wie lähmend es sein kann, ein "Nein" nach dem anderen zu hören. Je mehr Ablehnungen Sie bekommen, desto weniger motiviert sind Sie. Wie stellen Sie sicher, dass Sie nicht aufgeben, auch wenn alle "Nein" sagen?

1. Geben Sie einem "Nein" einen Geldwert

Das Schlimmste an der ständigen Ablehnung ist, dass es sich anfühlt, als würden Sie auf der Stelle treten, versagen und nichts erreichen. Und wenn Sie für lange Zeit keine Ergebnisse erzielen, schleicht sich Entmutigung ein. Wenn Sie bereits ein paar Jas erhalten haben – auch wenn es nur wenige sind -, können Sie das Verhältnis der "Ja" - und "Nein" - Antworten abschätzen und Ihren "Nein"- Antworten einen Geldwert zuteilen.

Zum Beispiel, wenn jedes "Ja" einen $100 Verkauf bedeutet und Sie erhalten ein "Ja" pro hundert Anrufen, dann "verdient" jede Ablehnung einen Dollar, weil jedes "Nein" Sie einen Schritt näher an ein $100 – "Ja" bringt.

Offensichtlich müssen Statistiken nicht genau wie in diesem Beispiel funktionieren, aber das spielt keine Rolle. Was wichtig ist, ist, dass ein "Nein" mit einem Geldwert, Ihnen das Gefühl gibt, etwas zu vollbringen. Es ist kein ergebnisloses Unterfangen mehr, sondern ein Prozess, der letztendlich zum Erfolg führt.

Erinnern Sie sich an die Worte von Thomas Edison: "Ich habe nicht versagt. Ich habe lediglich 10.000 Möglichkeiten gefunden, die nicht funktionieren." Jeder dieser Misserfolge war eine wertvolle Investition in den späteren Erfolg.

2. Konzentrieren Sie sich auf die Handlung selbst

Früher war ich mal eine extrem schüchterne Person. Um meine lähmende Schüchternheit zu überwinden, zwang ich mich, Frauen auf der Straße anzusprechen. Wie Sie sich wahrscheinlich vorstellen können, lehnen die meisten Frauen, die von einem Fremden angesprochen werden, diesen kurzerhand ab. Hätte ich mich ausschließlich auf das Ergebnis konzentriert, hätte ich verlegen wegen all dieser Zurückweisungen schon früh aufgegeben.

Folglich bestand mein Hauptziel nicht darin, eine Verabredung zu erhalten, sondern vielmehr darin auf Leute zuzugehen, trotz Angst. Was passierte, nachdem ich die ersten Worte ausgesprochen hatte, war unwichtig. Da ich jedoch nicht an ein bestimmtes Ergebnis gebunden war, war ich recht erfolgreich und stieß auf positive Reaktionen.

Sobald ich die Angst überwunden und mich daran gewöhnt hatte Frauen anzusprechen, kamen die Ergebnisse ganz natürlich als Nebenprodukt meiner Konzentration auf den Ansatz selbst.

Ich habe den gleichen Ansatz im Geschäft versucht. Anstatt mich auf das Endergebnis zu konzentrieren, habe ich darauf geachtet, meinen potentiellen Kunden so gut wie möglich zu helfen. Zugegebenermaßen, ist es schwieriger, sich nicht an ein Ergebnis zu binden, wenn Sie pleite sind und Verkäufe tätigen müssen, aber es *ist* möglich. Bemühen Sie sich, sich auf den Versuch an sich zu konzentrieren und darauf Ihren potenziellen Kunden zu helfen. Häufig wird dies eine selbstbewusste Aura projizieren, welche wiederrum Kunden anziehen wird.

3. Vermeiden Sie "Nein" überhaupt zu hören

In vielen Unternehmen verlassen sich Menschen auf Marketing-Techniken der rohen Gewalt. Anstatt Leute anzuziehen, drängen sie Kunden, ihre Produkte zu kaufen. Während dieser Ansatz in einigen Branchen sicherlich funktionieren kann, lehnen Verbraucher zunehmend diese aggressive Verkaufsmethode ab. Immer weniger Menschen freuen sich darüber Verkaufsanrufe oder E-Mails zu erhalten um die sie nicht gebeten haben bzw. denen sie nicht zugestimmt haben.

Verwenden Sie Marketing-Genehmigung: eine Art des Marketing, bei welcher der potenzielle Kunde zu Ihnen kommt und nicht umgekehrt. Wann hat Sie zum letzten Mal ein plastischer Chirurg angerufen und gefragt ob Sie diese neue plastische Operation von ihm ausprobieren wollen? Patienten suchen Chirurgen, nicht umgekehrt.

Positionieren Sie sich als Experte in Ihrer Branche oder bieten Sie einige Ihrer Produkte oder Dienstleistungen kostenlos an und auch Sie können dieser Chirurg sein.

Ich stelle einige meiner Bücher und anderes Material kostenlos zur Verfügung. Potentielle Leser können sich risikolos in meine Arbeit einarbeiten. Wenn sie dazu bereit sind, können sie andere Produkte kaufen. Ich suche nicht im Internet nach neuen potenziellen Lesern und bitte sie, meine Bücher zu kaufen. Folglich muss ich mir kein "Nein" hören.

Lesen Sie die Werke von Seth Godin oder Perry Marshalls Buch *80/20 Verkauf und Marketing*, um mehr darüber zu erfahren, wie Sie Menschen zu Ihnen kommen lassen können. Sie hören nicht nur seltener ein "Nein", Sie erhalten auch bessere Ergebnisse, während Sie weniger Stunden arbeiten.

Umsetzbare Implikationen

Wenn Sie potenzielle Kunden unangemeldet anrufen oder anschreiben müssen und Sie bereits ein paar "Ja" erhalten haben, weisen Sie jedem "Nein" einen Geldwert zu. Schätzen Sie, wie viele "Nein" Sie hören müssen, bevor Sie ein "Ja" erhalten berechnen Sie den Wert eines Durchschnitts "Ja" und teilen Sie es durch die Anzahl der "Neins". Dann wissen Sie, wie viel jedes "Nein" ungefähr wert ist und wie nahe Sie einem weiteren Verkauf sind.

Zusätzlich zur ersten Technik können Sie auch Ihre Einstellung ändern, um sich auf die Handlung selbst zu konzentrieren - wie zum Beispiel einen Anruf zu tätigen – anstatt auf ein bestimmtes Resultat. Keine Erwartungen zu haben ist oft vorteilhafter, als sich einem bestimmten Ergebnis (wie einem Verkauf) zu verschreiben und dieses nur selten zu erhalten.

Zu guter Letzt, wenn Sie nicht mit der Anzahl der "Nein" umgehen können, die Sie täglich hören, informieren Sie sich über Genehmigungsmarketing. Denken Sie darüber nach, wie Sie Menschen anziehen können, anstatt ihnen hinterherzulaufen.

F: Wie bleibe ich motiviert, wenn abwarten alles ist was ich tun kann?

In vielen Unternehmen müssen Sie häufig darauf warten, dass jemand anderes Ihr Produkt liefert (Ihr Auftragnehmer, Hersteller, Versandunternehmen), grünes Licht für die Freigabe gibt (Ihr Geschäftspartner, eine Regierungsbehörde, ein Vertreiber) oder einen Vertrag unterzeichnet um Ihre Lösung zu kaufen (ein Kunde).

Wenn Sie wenig tun können, um Dinge voranzutreiben, können Sie nicht proaktiv sein und das kann zu Selbstzweifeln führen.

Es gibt zwei Hauptmöglichkeiten, um mit diesem Problem umzugehen.

Die erste Möglichkeit besteht darin, sich mit Aufgaben zu beschäftigen, die vielleicht nicht besonders wichtig sind, die aber erledigt werden müssen. Es könnte ein perfekter Zeitpunkt sein, um all diese untergeordneten Aufgaben zu erledigen, zu denen Sie sich vorher nicht zwingen konnten. Stumpfsinnige Dateneingabe oder andere Verwaltungsarbeiten könnten genau das sein, was Sie brauchen, um Ihre Gedanken zu beschäftigen, während Sie auf die Entscheidung, das fertige Produkt oder eine Lieferung warten.

Die zweite Möglichkeit, motiviert zu bleiben, besteht darin, Ihre Gedanken auf etwas anderes zu verlagern. Da Sie während der Wartezeit sowieso nicht viel tun können, warum nicht die Gelegenheit nutzen, um sich eine Pause zu gönnen oder sich selbst zu pflegen? Finden Sie eine Herausforderung im Sport, lernen Sie eine neue Fähigkeit oder verbringen Sie einfach Zeit mit Ihren Freunden und Ihrer Familie.

Umsetzbare Implikationen

Wenn es wenig gibt, das Sie tun können, um die Dinge schneller voranzubringen, dann beschäftigen Sie sich mit den kleinen Geschäftsaufgaben, die schon vor langer Zeit hätten erledigt werden sollen, die Sie aber immer vor sich hergeschoben haben. Wenn Sie solche Aufgaben nicht haben, machen Sie eine Pause. Der Schlüssel ist, sich vom Warten abzulenken und etwas anderes zu tun.

F: Wie kann ich mein Selbstvertrauen steigern, wenn das Geschäft nachlässt?

Unternehmertum kann eine wilde Achterbahnfahrt sein. An einem Tag sind Sie an der Spitze, am nächsten Tag rutscht Ihnen das Herz in die Hose, während die Beschleunigung Sie in den Sitz drückt.

Was tun Sie, um mit geringem Selbstvertrauen fertig zu werden, wenn Ihr Geschäft nachlässt? Oder noch wichtiger: Wie können Sie die Entmutigung verhindern oder minimieren, wenn sich das Geschäft verlangsamt?

Hier sind sieben Lösungen.

1. Haben Sie Rücklagen

Je weniger finanzielle Sicherheit Sie haben, desto geringer wird Ihr Selbstvertrauen, wenn Ihr Geschäft nachlässt. Es ist eine Sache, wenn das Geschäft nachlässt, aber Sie immer noch ein paar Ersparnisse haben und eine völlig andere wenn Sie Ihre Rechnungen nicht bezahlen können. Im ersten Fall, können Sie immernoch klar denken, aber im zweiten Fall, ist es leicht zu verzweifeln und die Situation noch schlimmer zu machen.

Folglich ist ein Notfallfond, der mindestens drei bis sechs Monate Ihres gewöhnlichen Lebensunterhalts abdecken wird, ein Muss. Wenn Sie dies noch nicht haben, beginnen Sie jeden Monat einen bestimmten Prozentsatz Ihres Einkommens zu sparen, um einen Fond aufzubauen mit dem Sie sich selbst und Ihre Familie in langsameren Phasen unterstützen können.

2. Diagnostizieren und handeln Sie

Wenn das Geschäft nachlässt, können Entmutigung und Resignation folgen. Anstatt sich in den negativen Emotionen zu wälzen, lenken Sie sich von diesen ab und diagnostizieren Sie den Grund, warum es dem Geschäft nicht gut geht.

Sobald Sie eine Liste von möglichen Gründen erstellt haben, handeln Sie dementsprechend. Der bloße Akt des Handelns wird Ihnen helfen, die

Kontrolle über die Situation wiederzugewinnen und etwas Selbstvertrauen zurückzugewinnen.

3. Halten Sie Ihre Augen offen und lassen Sie Ihre Lichter an

Wenn das Geschäft langsam ist, ist es verlockend, Einsparungen vorzunehmen. Der Besitzer eines Maurer-Ladens schließt diesen früher, weil "sowieso niemand mehr kommt." Der Eigentümer eines Online-Geschäfts wartet länger, bis er potenziellen Kunden antwortet, denn "Es macht ja eh keinen Unterschied."

Eine solche Haltung trägt nicht zur Lösung der Situation bei. Im Gegenteil - es verschlimmert diese sogar noch und verringert die Chancen, dass Sie eine Gelegenheit nutzen, wenn diese sich ergibt.

Wann immer Sie sich in einer schlechten Geschäftslage befinden, ist es Zeit, sich vermehrt zu bemühen. Lassen Sie Ihr Geschäft geöffnet und halten Sie Ihre Augen offen für mögliche Gelegenheiten, das Blatt zu wenden.

4. Bevorzugen Sie Wachstum gegenüber dem Einsparen von Ausgaben

Wenn Sie das Vertrauen in Ihre Fähigkeit, das Geschäft zu vergrößern, verlieren, werden Sie wahrscheinlich die Versuchung verspüren, so viele Ausgaben wie möglich zu reduzieren. Das wird nur dann eine vernünftige Lösung sein, wenn es sorgfältig gemacht wird und nur wirklich unnötige Ausgabe betrifft.

Leider werden viele Unternehmer zu verzweifelt und anstatt neue Möglichkeiten zu finden, um ihre Einnahmen zu steigern, konzentrieren sie sich fast ausschließlich auf das reduzieren von Ausgaben und Einsparungen. Als Ergebnis sinkt die Qualität ihrer Produkte, die Moral ihres Teams wird in Mitleidenschaft gezogen und das gesamte Geschäft schrumpft, da die "Kostenoptimierung" es Stück für Stück auffrisst.

Das einzige Ergebnis der Priorisierung von Kostenoptimierung gegenüber der Steigerung Ihrer Gewinne ist, dass Sie den Verfall des Geschäfts verlangsamen, aber Sie tun nicht viel, um den Trend umzukehren.

Um die Kontrolle über die negative Situation wiederzuerlangen, widerstehen Sie der Versuchung, so viele Ausgaben wie möglich zu reduzieren und konzentrieren Sie sich stattdessen darauf, wie Sie Ihr Geschäft ausbauen können.

Betrachten Sie es wie folgt: Sie können nur eine gewisse Anzahl von Ausgaben einsparen, aber Ihr Verdienstpotential ist unbegrenzt.

5. Optimieren und Experimentieren Sie

Egal ob es gut oder schlecht läuft, es ist wichtig, dass Sie einige Ihrer Ressourcen in Innovationen investieren. Durch Optimieren und Experimentieren können Sie neue Einnahmequellen erschließen, Trends erkennen, die Sie zum Ausbau Ihres Unternehmens nutzen können oder einen neuen Markt finden, in dem Sie führend werden können.

Wenn das Geschäft langsam ist, ist es besonders wichtig, weiterhin neue Dinge auszuprobieren und bestehende Prozesse zu verbessern. Wenn Sie sich mit Verbesserungen beschäftigen, werden Sie Ihre

Stimmung aufrecht erhalten und Hoffnung schöpfen, um trotz Hindernissen und Rückschlägen motiviert zu bleiben.

6. Holen Sie sich eine neue Perspektive

Wenn Sie Ihrem Geschäft eine neue Perspektive geben, können Sie es wieder auf Kurs bringen.

Sie müssen nicht unbedingt einen neuen Mitarbeiter einstellen. Eine neue Perspektive kann von einem Freund kommen, den Sie um seine Meinung bitten oder von professionellen Kollegen in einem Unternehmerforum, die Sie um Rat bitten. Sie kann auch von Ihnen selbst kommen, wenn Sie in den Urlaub fahren, neue Kraft tanken und mit neuen Einsichten und erneuerter Energie zurückkommen, um Ihr Problemunternehmen wiederzubeleben.

7. Steigern Sie Ihre Selbstachtung

Wie wir bereits besprochen haben, neigen viele Unternehmer dazu, ihr Selbstwertgefühl mit der Leistung ihres Geschäfts zu verbinden. Wenn das Geschäft nachlässt, ist auch Ihr Selbstwertgefühl negative betroffen. Mit geringem Selbstwertgefühl, ist es schwieriger, Ihre Entschlossenheit beizubehalten, deshalb ist von besonderer Bedeutung, Ihr Selbstwertgefühl so viel wie möglich zu steigern, während Sie an Ihrem Geschäft arbeiten um dieses auf den richtigen Pfad zurückzuführen.

Ich schlage vor, dass Sie ein oder zwei herausfordernde Hobbies haben, die Sie ausüben können, um Ihre Gedanken von Ihrem Geschäft abzulenken und Ihr Wohlbefinden zu steigern.

Wenn das Geschäft der größte oder schlimmer noch der *einzige* Faktor ist, der Ihr Selbstwertgefühl bestimmt, kann ein Abschwung Ihr Niveau der Selbstdisziplin zunichte machen. Wenn viele Dinge zu Ihrem Gefühl der Wertschätzung beitragen, wird sich ein Abschwung nicht ganz so schlimm auf Sie auswirken.

Umsetzbare Implikation

Ich habe Ihnen gerade sieben praktische Möglichkeiten gegeben, mit geringem Selbstbewusstsein umzugehen, falls Ihr Geschäft nachlässt. Die Quintessenz - und letztendlich die wichtigste umsetzbare Implikation, die Sie aus diesem Unterkapitel herausholen können - besteht darin, dass es an der Zeit ist, noch aktiver zu werden, wenn Ihr Geschäft ausfällt. Wenn Sie stattdessen nachlässig werden, wird es Sie noch härter treffen.

Wenn Sie jetzt in einer solchen Situation sind, reißen Sie sich zusammen, stellen Sie einen Timer für 30 Minuten und machen Sie eine Liste von Maßnahmen, die Sie ergreifen können, damit Ihr Unternehmen wieder auf festem Boden steht.

Es spielt keine Rolle, ob Ihr Unternehmen aufgrund eines wirtschaftlichen Abschwungs leidet oder wegen etwas anderem, das Sie nicht kontrollieren können. Es gibt immer etwas, das Sie tun können, um die Situation zu verbessern und dies ist immer besser als Resignation.

F: Wie gehe ich mit kurzfristigen Aufschub-Attacken um?

Sie sitzen vor Ihrem Computer und sehen sich Ihre To-Do-Liste an. Sie wissen, was zu tun ist, aber aus irgendeinem Grund können Sie sich einfach nicht überwinden, es zu tun.

Kurzfristige Anfälle von Verzögerungen sind anders als langfristiger Aufschub. Mit letzterem verschieben Sie die Dinge für Tage oder Wochen. Während Sie diese Art von Aufschub aus Ihrem Leben fast vollständig eliminieren können, ist der Umgang mit kurzfristigen intensiven Ausbrüche von Trägheit nicht immer möglich. Solche Tage kommen halt einfach mal vor.

Anstatt zu versuchen mich zu motivieren, hilft es mir normalerweise zu versuchen, *Schwung* zu bekommen.

Als ich den Bestsellerautor und Fitnessexperten Derek Doepker fragte, was seine beste Strategie für Beharrlichkeit sei, antwortete er: "Ich frage mich einfach: Kann ich nur ...? Und füge dann eine einfache Handlung ein, die ich machen kann, egal wie unmotiviert ich mich fühle.

"Haben Sie schon mal festgestellt, dass *nachdem* Sie etwas angefangen haben, Sie *dann* das Gefühl haben, dass Sie weitermachen wollen? Anstatt zu versuchen, Motivation zu bekommen, sollten Sie versuchen, Schwung zu bekommen. Die Motivation wird von selbst folgen. Erfolg bringt Erfolg. Jedes Mal, wenn Sie erfolgreich auch nur eine kleine Sache erledigen, wird Ihr Gefühl der Erfüllung und der Wunsch, mehr zu tun, wachsen."[53]

Tatsächlich habe ich diesen kleinen Trick benutzt, kurz bevor ich diese Worte geschrieben habe. Ich hatte Probleme mich dazu zu motivieren mit dem Schreiben anzufangen, also schrieb ich einfach ein paar Worte aufs Papier. Eine Stunde ist vergangen und meine tägliche Wortquote ist fast wie durch Magie erfüllt worden.

Umsetzbare Implikation

Was auch immer Ihre Aufgabe ist, fangen Sie damit an - nicht mit der Absicht, sie zu beenden, sondern nur, um in Schwung zu kommen. In den meisten Fällen sind nur die ersten Schritte erforderlich, um die Trägheit zu überwinden und die Motivation zurückzugewinnen.

Q: Wie finde ich die Willenskraft, an meinem Geschäft zu arbeiten, wenn ich einen Tagesjob und andere Verpflichtungen habe?

An Ihrem Geschäft zu arbeiten ist schwierig genug und es ist noch schwieriger mit einem Tagesjob und anderen Verpflichtungen. Verstehen Sie mich nicht falsch - das ist keine tragbare Entschuldigung. Viele Leute waren in genau der gleichen Situation und haben es trotzdem geschafft. Sie können es auch schaffen.

Ich könnte Ihnen zahlreiche Tipps geben, wie Sie mehr Zeit aus Ihrem Tag herausholen können, aber am Ende gibt es nur einen äußerst effektiven Ratschlag, den Sie unbedingt in Ihrem Leben umsetzen sollten: den einstündigen Arbeitstag.

Bevor Sie mich als verrückt bezeichnen, hören Sie mir erst zu. Wir alle glauben gerne, dass wir extrem hart arbeiten und es nicht genug Zeit gibt, um alles in unseren vollen Terminkalender zu quetschen. In Wirklichkeit besteht das Problem nicht darin, nicht genug Zeit zu haben, sondern nicht genügend Zeit *ohne Ablenkung* zu haben.

Sie wären überrascht, wie viel Sie erreichen könnten, wenn Sie nur 60 Minuten lang konzentriert und *ohne* Ablenkungen arbeiten würden.

Ich lege im ganzen Buch so viel Wert auf die Tatsache, dass der Aufbau Ihres Unternehmens in erster Linie zukunftsfähig sein sollte, weil es der

Schlüssel zur Produktivität ist. Fallen Sie nicht der glamourösen hundertstündigen Arbeitswoche zum Opfer, die Sie vielleicht wie ein Held aussehen lässt, aber am Ende zu verminderter Produktivität, Burnout, Erschöpfung, Krankheit oder im schlimmsten Fall sogar zum Tod führt (karōshi oder "Tod durch Überarbeitung" ist eine echte Bedrohung in Japan[54]).

Jeffrey J. McDonnell, Professor an der Schule für Umwelt und Zukunftsfähigkeit der Universität von Saskatchewan in Saskatoon, Kanada, schrieb einen Artikel mit dem Titel "Der einstündige Arbeitstag", in dem er die Vorteile, jeden Tag kleine Mengen an konzentriertem Schreiben zu vollbringen, lobt.[55]

Wie McDonnell in dem Artikel betont, war seine Produktivität, gemessen an der Anzahl von veröffentlichten Artikeln, trotz seiner harten Arbeit nur dürftig. Erst als er einen einstündigen Arbeitstag einführte - eine Stunde konzentrierten Schreibens jeden Morgen -, konnte er endlich etwas erreichen.

Mein einstündiger Arbeitstag ist ähnlich. Wenn ich ein neues Buch schreibe, schreibe ich tausend Worte pro Tag. Wenn ich ein Buch bearbeite,

bearbeite ich täglich ein Kapitel. Auch wenn ich nichts anderes erreiche, ist es immer noch ein produktiver Tag.

Was ist Ihr einstündiger Arbeitstag? Finden Sie eine wichtige Aufgabe, mit der Sie Ihr Geschäft ausbauen können und konzentrieren Sie sich während Ihrer magischen Stunde nur darauf. Wenn Sie sich jeden Tag an solch eine Routine halten - und eine Stunde pro Tag ist überschaubar, nicht wahr? -, werden die Ergebnisse Sie erstaunen.

Der Schlüssel, um diese Strategie erfolgreich durchzuführen, besteht darin, mindestens eine Stunde ohne jegliche Ablenkung zu finden. Ich rate dringend zum frühen Aufstehen - 5:00 oder 6:00 Uhr zum Beispiel – um die ruhigste Zeit des Tages zu wählen.

Selbst wenn Sie sich für eine Nachteule halten, fordere ich Sie dennoch auf, mit frühem Aufstehen zu experimentieren. Ich blieb immer bis 3 Uhr morgens auf. Jetzt wache ich regelmäßig um 5:00 Uhr morgens auf und bin mit allen wichtigen Aufgaben (tägliche Hygiene, Bewegung, Arbeit) noch vor 9:00 Uhr fertig.

Umsetzbare Implikation

Stellen Sie noch heute Ihren Wecker mindestens eine Stunde früher als gewöhnlich. Ab morgen schützen Sie die erste Stunde Ihres Tages als die heiligste Stunde in Ihrem Leben.

Verbringen Sie die gesamte Stunde damit, an der wichtigsten Aufgabe zu arbeiten, die Ihr Geschäft voranbringen wird. Auch wenn Sie es sich nicht leisten können, mehr Zeit mit der Arbeit an Ihrem Unternehmen zu verbringen, werden Sie Ihrem Ziel doch näher kommen als Sie sich vorstellen können.

HÄUFIG GESTELLTE FRAGEN BEZÜGLICH SELBSTDISZIPLIN: KURZE WIEDERHOLUNG

1. Wenn es Ihnen schwer fällt, Selbstdisziplin aufrecht zu erhalten, wenn Sie an langweiligen Aufgaben arbeiten, finden Sie eine Möglichkeit, diese zu delegieren. Wenn Sie dies nicht tun können, machen Sie sie alle an einem Tag. Die Änderung Ihrer Einstellung zu diesen Aufgaben – finden Sie Sinn und Nutzen in diesen, anstatt sich zu beschweren, wie langweilig und unkreativ sie sind - wird Ihnen auch helfen.

2. Es ist leicht, die Motivation zu verlieren, wenn die Dinge schwierig sind und es scheint, als ob Sie Ihre Ziele nie erreichen werden. Der Schlüssel zum Erfolg liegt darin, die richtigen Erwartungen zu haben. Recherchieren Sie beispielsweise, wie lange eine durchschnittliche Person braucht, um das Ziel zu erreichen, das Sie erreichen wollen, anstatt davon auszugehen, dass Sie es unrealistisch schnell erreichen können.

Vergessen Sie auch nicht, dass es der Prozess ist, der Sie erfolgreich macht. Schätzen Sie ihn für alles, was er in Ihr Leben bringt, einschließlich der Herausforderungen.

3. Ständig "Nein" zu hören, kann selbst die Entschlossenheit der diszipliniertesten Person brechen. Die beste Möglichkeit, mit Ablehnung umzugehen, besteht darin, sich auf die Handlung selbst zu konzentrieren und sich nicht nur an das Ergebnis zu binden.

4. Wenn Sie sich in einer Situation befinden, in der Sie nur abwarten können, beschäftigen Sie sich mit Aufgaben, die Sie schon lange aufgeschoben haben. Besessenheit darüber, dass Sie warten müssen, kann zu Selbstzweifeln und Entmutigung führen. Nutzen Sie alternativ die Gelegenheit, eine kurze Pause zu machen und mit neuer Energie zurückzukehren.

5. Der Schlüssel zum Umgang mit einem negativen emotionalen Zustand, wenn Ihr Geschäft nachlässt, ist proaktiv zu bleiben. Wenn Sie Resignation die Kontrolle in Ihrem Leben überlassen

können Sie genauso gut gleich aufgeben. Machen Sie etwas - irgendetwas -, um aus dem Loch herauszukommen, anstatt sich noch tiefer zu begraben.

6. Wenn es Ihnen schwer fällt, mit Ihren täglichen Aufgaben zu beginnen, versuchen Sie einfach, mit der Arbeit anzufangen, ohne die Erwartung eine bestimmte Aktivität beenden zu wollen. Schreiben Sie einfach den ersten Satz, mailen Sie nur einem Kunden, schreiben Sie die erste Codezeile oder was auch immer Sie machen müssen, um mit der Arbeit anzufangen. In den meisten Fällen werden Sie in wenigen Minuten an Schwung gewinnen und weitermachen.

7. Ein Tagesjob und andere Verpflichtungen können die Arbeit an Ihrem Unternehmen erschweren. Das bedeutet jedoch nicht, dass dies eine gute Ausrede ist, nicht selbstdiszipliniert zu bleiben. Nutzen Sie die Vorteile des "1-Stunden-Arbeitstages", um einen stabilen, wenn auch langsamen Fortschritt zu gewährleisten. Wachen Sie früh auf und widmen Sie die gesamten sechzig

Minuten von Arbeit ohne Ablenkung Ihrer wichtigsten Aufgabe. Selbst wenn dies alles ist, was Sie tun können, um Ihr Unternehmen zu vergrößern, kann eine konzentrierte Arbeitsstunde pro Tag außergewöhnliche Ergebnisse erbringen.

Epilog

Ich glaube, dass Unternehmer der Lebensnerv unserer modernen Welt sind und alle Unterstützung brauchen, die sie bekommen können. Ich habe dieses Buch geschrieben, um meinen kleinen Beitrag zu leisten und Ihnen dabei zu helfen, praktisches Wissen zu erwerben, um Ihre Selbstdisziplin zu verbessern und Ihr Leben als Unternehmer einfacher zu machen.

Das Leben eines Unternehmers kann mühsam sein, aber die Belohnungen sind es wert. Wenige Lifestyle-Entscheidungen können Ihnen so viele bereichernde Erfahrungen bieten, wie Ihr eigenes Unternehmen aufzubauen. Ebenso wird nichts anderes Ihre Beharrlichkeit und Selbstdisziplin so sehr auf die Probe stellen, als auf sich selbst gestellt und alleine für Ihren Erfolg verantwortlich zu sein.

Als letzte kurze Zusammenfassung möchte ich, dass Sie sich an folgendes erinnern:

- Alles beginnt mit der richtigen Motivation. Wenn Sie von Natur aus Unternehmer sind, wird es Ihnen vermutlich nicht an guten Gründen fehlen um weiterzumachen, aber es lohnt sich trotzdem, verschiedene zusätzliche Motivatoren in Betracht zu ziehen, um Ihre Entschlossenheit zu stärken.

- Ihre Umgebung schafft Ihr Leben. Es ist Ihre Entscheidung, wer Ihre Freunde sind, welche Bücher Sie lesen, wie Sie Ihre Zeit verbringen und welche Verhaltensweisen Sie täglich zeigen.

- Machen Sie Ihr Leben zu mehr als nur Unternehmertum. Es macht süchtig, an Ihrem Unternehmen zu arbeiten, aber es sollte nicht die einzige Liebe Ihres Lebens sein. Denken Sie daran, dass Sie arbeiten, um zu leben, nicht leben, um zu arbeiten.

- Hingabe und Fokus sind die Schlüssel zum Erfolg. In unserer schnelllebigen Welt wird es immer schwieriger, die Konzentration zu behalten und sich zu verpflichten, aber Sie sind kein Unternehmer, weil Sie wie alle anderen sein möchten, oder?

- Proaktiv zu sein ist wichtig, um eine richtige Einstellung zu entwickeln. Unternehmer *warten* nicht darauf, dass Dinge passieren, sie *machen* sie möglich.

Ich möchte, dass Sie weiterhin neue Dinge kreieren, neue Unternehmungen starten oder Ihre bestehenden Geschäfte verbessern und die Welt mit Ihrer einzigartigen unternehmerischen Energie und Ihrem Geist zum Besseren verändern.

Machen Sie weiter, trotz allem, was das Leben Ihnen zuwirft, sagen Sie "Nein" zu Dingen, die Ihre langfristigen Ergebnisse gefährden und bemühen Sie sich, Ihre Selbstdisziplin zu verbessern. Nur durch die Aufrechterhaltung einer starken Arbeitsmoral und die Fähigkeit, mit Unbehagen umgehen zu können, werden Sie in Ihrem unternehmerischen und persönlichen Leben immer mehr erreichen.

Ich hoffe, wir sehen uns in meinen anderen Büchern, in denen Sie lernen, andere Aspekte Ihres Lebens zu verbessern und den ultimativen Erfolg zu erreichen. Viel Glück!

Melden Sie sich für meinen Newsletter an

Ich würde gerne mit Ihnen in Verbindung bleiben. Melden Sie sich für meinen Newsletter an und Sie werden immer über meine neuen Veröffentlichungen informiert, erhalten kostenlose Artikel, können sich für Werbegeschenke anmelden und erhalten andere wertvolle E-Mails von mir.

Hier ist der Link zur Anmeldung:

http://www.profoundselfimprovement.com/denews

Können Sie mir helfen?

Ich würde gerne erfahren, wie Ihnen mein Buch gefallen hat. In der Welt der Buchveröffentlichungen ist nichts wertvoller, als ehrliche Bewertungen von verschiedenen Personen zu erhalten.

Ihre Bewertung wird anderen Lesern helfen herauszufinden, ob dieses Buch etwas für sie ist. Es wird auch mir helfen, mehr Leser zu erreichen und mein Buch bekannter zu machen.

Über Martin Meadows

Martin Meadows ist das Pseudonym eines Autors, der sein Leben dem persönlichen Wachstum gewidmet hat. Er erfindet sich ständig neu, in dem er drastische Veränderungen in seinem Leben macht.

Im Laufe der Jahre hat er regelmäßig mehr als 40 Stunden gefastet, sich selbst mehr als zwei Fremdsprachen beigebracht, über 30 Pfund in 12 Wochen verloren, mehrere Unternehmen in verschiedenen Bereichen geführt, eiskalte Duschen und Bäder genommen, für mehrere Monate auf einer tropischen Insel in einem fremden Land gelebt und innerhalb eines Monats 400 Seiten mit Kurzgeschichten geschrieben.

Trotzdem ist Selbstquälerei nicht seine Leidenschaft. Martin liebt es, seine Grenzen zu testen, um herauszufinden, wie weit er aus seiner Komfortzone herausgehen kann.

Seine Erkenntnisse (die auf seinen eigenen Erfahrungen und auf Studien basieren) helfen Ihm sein Leben zu verbessern. Wenn auch Sie Interesse daran haben, Ihre Grenzen zu testen und zu lernen, wie Sie sich verbessern können, werden Sie Martins Arbeiten lieben.

Sie können seine Bücher hier lesen: http://www.amazon.de/-/e/B00U97LQGG.

© Copyright 2018 by Meadows Publishing. Alle Rechte vorbehalten.

Aus dem Englischen übersetzt von Nadine Burke.

Vervielfältigung im Ganzen oder in Teilen dieser Veröffentlichung ohne schriftliche Zustimmung, ist strengstens verboten. Der Autor weiß es sehr zu schätzen, dass Sie sich die Zeit nehmen, um sein Buch zu lesen. Bitte ziehen Sie es in Betracht, eine Bewertung dort zu hinterlassen, wo Sie das Buch gekauft haben oder Ihren Freunden davon zu erzählen, um uns zu helfen, die Nachricht bezüglich dieses Buches zu verbreiten. Vielen Dank für die Unterstützung unserer Arbeit.

Es wurden Anstrengungen unternommen, um sicherzustellen das die Informationen in diesem Buch richtig und vollständig sind. Jedoch leisten der Autor und der Verlag keine Gewähr für die Richtigkeit der Angaben, Texte und Grafiken die in diesem Buch enthalten sind, aufgrund der sich rasch verändernden Natur der Wissenschaft und Forschung, bekannter und unbekannter Fakten und dem Internet. Der Autor und der Verleger übernehmen keinerlei

Verantwortung für Fehler, Unterlassungen oder gegenteilige Auslegung des Buchinhaltes. Dieses Buch ist ausschließlich für Motivations- und Informationszwecke gedacht.

---

[1] Ryan, R. M., & Deci, E. L. (2000). Intrinsic and Extrinsic Motivations: Classic Definitions and New *Directions*. *Contemporary Educational Psychology*, 25(1), 54-67. doi: 10.1006/ceps.1999.1020

[2] Ryan, R. M., & Deci, E. L. (2000). Intrinsic and Extrinsic Motivations: Classic Definitions and New Directions. *Contemporary Educational Psychology*, 25(1), 54-67. doi: 10.1006/ceps.1999.1020

[3] Preston, J. (2014, August 26). Richard Branson: My golden rule of business. Abgerufen 26. Juli, 2016, von https://www.virgin.com/entrepreneur/richard-branson-my-golden-rule-of-business

[4] Harris, P. (2010, August 1). Elon Musk: 'I'm planning to retire to Mars'. Abgerufen 26 Juli, 2016, von https://www.theguardian.com/technology/2010/aug/01/elon-musk-spacex-rocket-mars

[5] Waters, R. (2005, December 22). Google's founders named Men of the Year. Abgerufen 26 Juli, 2016 von http://www.ft.com/cms/s/2/86e14656-7315-11da-8b42-0000779e2340.html#axzz4FXl8Ba1e

[6] Tang, S., & Hall, V. C. (1995). The overjustification effect: A meta-analysis. *Applied Cognitive* Psychology, 9(5), 365-404. doi: 10.1002/acp.2350090502

[7] Silver, Y. (2015). Evolved *Enterprise: How to Re-think, Re-imagine, and Re-invent Your Business to Deliver Meaningful Impact & Even Greater Profits*. Abgerufen von https://evolvedenterprise.com/

[8] Grant, A. M. (2008). Does Intrinsic Motivation Fuel the Prosocial Fire? Motivational Synergy in Predicting Persistence,

Performance, and Productivity. *Journal of Applied Psychology*, 93(1): 48-58. doi: 0.1037/0021-9010.93.1.48

[9] About Sevenly. Abgerufen 27 Juli, 2016 von https://www.sevenly.org/pages/about-us

[10] Kahneman, D., & Deaton, A. (2010). High income improves evaluation of life but not emotional well-being. *Proceedings of the National Academy of Sciences*, 107(38): 16489-16493. doi: 10.1073/pnas.1011492107

[11] Bandura, A. (1977). *Social Learning Theory*. Englewood Cliffs, NJ: Prentice-Hall.

[12] Anderson, C. A., & Bushman, B. J. (2001). *Effects of violent video games on aggressive behavior, aggressive cognition, aggressive affect, physiological arousal, and pro-social behavior: A meta-analytic review of the scientific literature. Psychological Science, 12(5): 353-359.* doi:10.1111/1467-9280.00366

[13] Paik, H., & Comstock, G. (1994). The effects of television violence on antisocial behavior: A meta-analysis. *Communication Research*, 21(4): 516-546. doi:10.1177/009365094021004004

[14] Baumeister, R. F. (2003). Ego Depletion and Self-Regulation Failure: A Resource Model of Self-Control. *Alcoholism: Clinical & Experimental Research*, 27(2): 281-284. doi: 10.1097/01.ALC.0000060879.61384.A4

[15] Ferriss, T. (2009). *The 4-Hour Workweek: Escape 9-5, Live Anywhere, and Join the New Rich*. New York: Crown Publishers.

[16] Johnston, W. M., & Davey, G. C. L. (1997). The psychological impact of negative TV news bulletins: The catastrophizing of personal worries. *British Journal of Psychology*, 88(1): 85-91. doi: 10.1111/j.2044-8295.1997.tb02622.x

[17] Schwartz, M. (2007, March 7). Robert Sapolsky discusses physiological effects of stress. Abgerufen 29 Juli, 2016 von http://news.stanford.edu/news/2007/march7/sapolskysr-030707.html

[18] Brown, L. (2016, August 20). Refuse to complain. Complaining is just a way of not taking responsibility, justifying doing nothing, and programming yourself to fail [Facebook status update]. Abgerufen 21 August, 2016, von https://www.facebook.com/Brown.Les/posts/10154377438849654

[19] Grant, A. M. (2013). *Give and Take: Why Helping Others Drives Our Success*. New York, NY: Viking.

[20] McKinney, F. (2002). *Make It Big: 49 Secrets for Building a Life of Extreme Success*. New York, NY: John Wiley & Sons.

[21] Burg, B., & Mann, J. D. (2007). *The Go-Giver, Expanded Edition: A Little Story About a Powerful Business Idea*. New York, NY: Portfolio.

[22] Bartolotta, D. L. (1998). If At First You Don't Succeed… What Makes You Try Again? Abgerufen 29 Juli von http://repository.cmu.edu/cgi/viewcontent.cgi?article=1033&context=hsshonors

[23] Christy, M. (1982, May 9). Winning according to Schwarzenegger. *Boston Globe*. p. 51.

[24] McGonigal, K. (2012). *The Willpower Instinct: How Self-Control Works, Why It Matters, and What You Can Do to Get More of It*. New York, NY: Avery.

[25] Baumeister, R. F. (2003). Ego Depletion and Self-Regulation Failure: A Resource Model of Self-Control. *Alcoholism: Clinical & Experimental Research*, 27(2): 281-284. doi: 10.1097/01.ALC.0000060879.61384.A4

[26] Williamson, A., & Feyer, A. (2000). Moderate sleep deprivation produces impairments in cognitive and motor performance equivalent to legally prescribed levels of alcohol intoxication. *Occupational & Environmental Medicine*, 57(10): 649-655. doi: 10.1136/oem.57.10.649

[27] Simmons, M. (2013, May 13). Is The 70-Hour Work Week Worth The Sacrifice? Abgerufen 30. Juli, 2016, von http://www.forbes.com/sites/michaelsimmons/2013/05/13/is-the-70-hour-work-week-worth-the-sacrifice/

[28] DeMarco, M. J (2011). *The Millionaire Fastlane: Crack the Code to Wealth and Live Rich for a Lifetime*. Phoenix, AZ: Viperion Publishing Corporation.

[29] King, S. (2010). *On Writing: 10th Anniversary Edition: A Memoir of the Craft*. New York, NY: Scribner.

[30] Holiday, R. (2016). *Ego Is the Enemy*. New York, NY: Portfolio.

[31] Rock, D. (2009). *Your Brain at Work: Strategies for Overcoming Distraction, Regaining Focus, and Working Smarter All Day Long*. New York, NY: HarperCollins.

[32] Rock, D. (2009, October 04). Easily distracted: Why it's hard to focus, and what to do about it. Abgerufen 06. August, 2016, von https://www.psychologytoday.com/blog/your-brain-work/200910/easily-distracted-why-its-hard-focus-and-what-do-about-it

[33] Pattison, K. (2008, July 28). Worker, Interrupted: The Cost of Task Switching. Abgerufen 6. August 06, 2016, von http://www.fastcompany.com/944128/worker-interrupted-cost-task-switching.

[34] The Pomodoro Technique. Abgerufen 6. August, 2016 von http://pomodorotechnique.com/

[35] K. D. Vohs, R., Baumeister, J. M., Twinge, B. J., Schmeichel, D. M., Tice, & J., Crocker (2005). *Decision fatigue exhausts self-regulatory resources--but so does accommodating to unchosen alternatives*. Abgerufen 7. August, 2016 von https://www.chicagobooth.edu/research/workshops/marketing/archive/WorkshopPapers/vohs.pdf

[36] Anderson, C. (2003). The Psychology of Doing Nothing: Forms of Decision Avoidance Result von Reason and *Emotion. Psychological Bulletin*, 129(1): 139-167. doi: 10.1037/0033-2909.129.1.139

[37] Baer, D. (2014, February 12). Always Wear The Same Suit: Obama's Presidential Productivity *Secrets*. Abgerufen 10. August, 2016, von http://www.fastcompany.com/3026265/work-smart/always-wear-the-same-suit-obamas-presidential-productivity-secrets

[38] Kirby, L. D., Morrow, J., & Yih, J. (2014). *The challenge of challenge: Pursuing determination as an* emotion. In M. M., Tugade, M. N., Shiota, & L. D., Kirby (Eds.), *Handbook of Positive Emotions*. New York, NY: Guilford Publications.

[39] *Rotter, J. B. (1966). Generalized expectancies for internal versus external control of reinforcement. Psychological Monographs: General & Applied, 80(1): 1-28.* doi: 10.1037/h0092976

[40] Bandura, A. (1994). *Self-efficacy*. In V. S., Ramachaudran (Ed.), *Encyclopedia of human behavior*, vol. 4, pp. 71-81. Cambridge, MA: Academic Press.

[41] Carnegie Mellon University (2007, December 20) *Randy Pausch Last Lecture: Achieving Your* Childhood *Dreams* [Video file]. Abgerufen 7. August, 2016 von https://www.youtube.com/watch?v=ji5_MqicxSo

[42] *Wantrepreneur*. Urban Dictionary. Abgerufen 16. August, von http://www.urbandictionary.com/define.php?term=wantrepreneur

[43] Williams, B. (2006, May 25). Steve Jobs: Iconoclast and salesman. Abgerufen 17. August 2016, von http://www.nbcnews.com/id/12974884/

[44] Van Boven, L., & Gilovich, T. (2003). To Do or to Have? That Is the Question. *Journal of Personality and Social Psychology*, 85(6): 1193-1202. doi: 10.1037/0022-3514.85.6.1193

[45] Van Boven, L. (2005). Experientialism, Materialism, and the Pursuit of Happiness. *Review of General Psychology*, 9(2): 132-142. doi: 10.1037/1089-2680.9.2.132

[46] Kumar, A., Killingsworth, M. A., & Gilovich, T. (2014). Waiting for Merlot. Anticipatory Consumption of Experiential and Material Purchases. *Psychological Science*, 25(10): 1924-1931. doi: 10.1177/0956797614546556

[47] Pchelin, P., & Howell, R. T. (2014). The hidden cost of value-seeking: People do not accurately forecast the economic benefits of experiential purchases. *The Journal of Positive Psychology*, 9(4): 322-334. doi: 10.1080/17439760.2014.898316

[48] Patel, N. (2015, April 02). *Why You Should Never Start Just One Business*. Abgerufen 18. August 2016, von https://www.entrepreneur.com/article/244560

[49] Sivers, D. (2016, August 02). *When you're extremely unmotivated*. Abgerufen 18. August 2016, von https://sivers.org/unmo

[50] Polivy, J. (2001). The false hope syndrome: unrealistic expectations of self-change. *International Journal of Obesity and Related Metabolic Disorders*, 25 Suppl 1: S80-4. doi: 10.1038/sj.ijo.0801705

[51] Vital, A. (2013, August 23). *Serial Entrepreneurs – The Founders Who Pursue Multiple Opportunities*. Abgerufen 23. August 2016, von http://fundersandfounders.com/serial-entrepreneurs-how-to-pursue-multiple-opportunities/

[52] *Freelancing in America: 2015*. Abgerufen 23. August 2016, von https://fu-web-storage-prod.s3.amazonaws.com/content/filer_public/59/e7/59e70be1-5730-4db8-919f-1d9b5024f939/survey_2015.pdf

[53] Meadows, M. (2015). *Grit: How to Keep Going When You Want to Give Up*.

[54] *Karōshi*. (2016, August 2). In Wikipedia, The Free Encyclopedia. Abgerufen 22. August 2016, von https://en.wikipedia.org/w/index.php?title=Kar%C5%8Dshi&oldid=732672121

[55] McDonnell, J. (2016). The 1-hour workday. *Science*, 353(6300), 718. doi: 10.1126/science.353.6300.718.